# Ruhrgebietchen
# Was deine Kinder an dir lieben und was nicht

Henselowsky Boschmann

Schützenstraße 31 · 46236 Bottrop
post@vonneruhr.de · www.vonneruhr.de
1. Auflage 2018
ISBN 978-3-942094-80-1
Umschlag: Susi Lilienfeldt
Druck: Friedrich Pustet GmbH & Co. KG

Inhalt

# Anke Klapsing-Reich
# Kohlenstaub mit Gold gepudert

Anke Klapsing-Reich erblickte 1961 in Dorsten das Licht der Welt. Ihr Abitur baute sie am St. Ursula-Gymnasium, bevor es sie zum Studium (Geschichte, Germanistik, Politik) ins schöne Trier an die Mosel zog. Nach ihrem Magisterabschluss kehrte sie in „den Pott" zurück und volontierte bei den Ruhr Nachrichten in Dortmund. Viele Jahre arbeitete sie als Redakteurin in der Wochenend-Beilage „Das bunte Journal". Heute lebt die Mutter eines inzwischen erwachsenen Sohnes mit ihrer Familie wieder in Dorsten und arbeitet als Lokalredakteurin bei der Dorstener Zeitung/Ruhr Nachrichten. Als Autorin lokalhistorischer wie auch unterhaltsamer Themen sind bislang schon mehrere Veröffentlichungen von ihr erschienen.

„Erst die Fremde lehrt uns, was wir an der Heimat haben." Ich frage mich: Wie konnte Theodor Fontane eigentlich schon im 19. Jahrhundert wissen, wie es mir ergehen sollte, als ich 100 Jahre später als frische Abiturientin zum ersten Mal mein Elternhaus verließ, um im historischen Trier ein unbeschwertes Studentenleben zu beginnen? Ruhrpott trifft auf Rheinland-Pfalz, Bier auf Wein, Currywurst auf Schwenkbraten, Frauenbewegtheit auf Machotum, Kodderschnauze auf Mundfaulheit, betriebsame Hektik auf behäbige Eile-mit-Weile, Förderturm auf Porta Nigra – kann das gutgehen?

„Komm Anke, jetzt lass doch mal das Klischeedenken, immer schön locker bleiben", ermahnte ich mich selbst und begegnete den einheimischen Kommilitonen mit freundlicher Offenheit. Schnell hörte ich mich in ihre fremd klingende Singsang-Mundart ein, aber in einer Sache kamen wir einfach nicht zusammen, egal wie sehr ich mich auch bemühte: Der Moselwitz hat mit dem Ruhrpotthumor ungefähr so viel gemein wie Freilandeier mit dem Thailand-Freier. Unzählige Male begegnete mir in fröhlichen Cafeteria-Runden die peinliche Situation, dass ich mich über eine Ruhrpott-like rausgedrückte Anekdote halbtot lachen konnte, während mich meine moselanischen Mitstudenten ringsum anglotzten wie das Schweigen der Lämmer. – Umgekehrt lief's übrigens ebenso.

Zuerst dachte ich an Einbildung. Dann lernte ich in einer Vorlesung – oh Freude – einen Gladbecker kennen, der mich fragte: „Hömma, is dir auch schon aufgefallen, dat die hier über ganz andere Sachen lachen als wir?" Da erhärtete sich mein Verdacht zur Gewissheit: Witz ist nicht gleich Witz.

Ich liebe den hart-aber-herzlichen Ruhrpotthumor, die direkte Ansprache ohne das ganze gedrechselte Gedöns drumherum, und ich liebe ebenfalls den ungezwungenen Kleidungsstil, mit dem die Ruhris durch ihre Metropolen schlendern. Keine vom Modediktat gelenkten Fashion-Klone wie auf der Düsseldorfer Kö, nee, auf den Dortmunder Westenhellweg kommst du auch mit Polyesterpulli und ausgelatschten Sandalen, in denen tennissockenbestrumpfte unrasierte Power-Waden stecken.

Apropos Klamotten: Da muss ich doch noch mal kurz zu einer Moselland-Episode in meine Flotte-Feger-Jugend zurückswitchen: Da tauchte ich im historischen Gewölbe-Weinkeller des idyllischen Weinörtchens Longuich im lila Overall und mit Federohrring im Lauscherläppchen auf und zog die Aufmerksamkeit der versammelten Ureinwohner an wie die Schmalzstulle die Westfalen. Auch die von Ortsbürgermeister Schmitt. Der beäugte meine grüne Pony-Haarsträhne, die ich tags zuvor mit der restlichen Lebensmittelfarbe vom Nudelfärben behandelt hatte, und fragte: „Wohnen Sie so feucht in Trier, dass Sie schon Moos angesetzt haben!“ Wow, denke ich. Geht doch. Der war jetzt aber echt mal lustig.

Na gut, aber ein Witz macht bekanntlich noch keine Sommerlaune. Und so einen richtigen Ruhri zieht's aus der Ferne doch immer wieder in die schöne Heimat zurück. Auch mich. Nach sechs Emigranten-Jahren endlich wieder lachen, wie einem die Augenfältchen gewachsen sind, auf dass das Rachenzäpfchen zittert. Doch kaum hatte ich mich in Dortmund im Ostfriedhof-Viertel eingerichtet, klingelte das Telefon – oh, Trier is calling! „Achim, altes Haus, wat is?“ Ob er mich mal besuchen könne, fragte der Doktor der Geschichtswissenschaft. Er sei zu einer Mittelalter-Tagung an der Uni Bochum eingeladen, und da könne er doch vielleicht … „Klaro“, hatte ich für den philologischen Pfälzer schon die Wohnzimmercouch zum

Übernachtungslager umgebaut, bevor er 300 Kilometer entfernt den Hörer zurück auf die Gabel gelegt hatte.
Achim kam. Und verschwand. Als er eine Stunde nach unserer verabredeten Abendbrotzeit immer noch nicht aufgetaucht war, begann ich mir Sorgen zu machen: Vielleicht hat er sich in der Großstadt verlaufen, ist in eine falsche Straßenbahn gestiegen, irrt orientierungslos durchs Revier? Hoffentlich landet er nicht in der Nordstadt, fällt in eine Zechengrube oder womöglich noch einer wilden Horde von BVB-Fans in die Hände … Ich hatte die Porträtzeichnung für den Fahndungsaufruf bis auf den Schnurrbart schon fertig skizziert, als es an der Haustür schellte und Achim auf der Matte stand. „Wo warst du denn nur, ich habe mir tierisch Sorgen gemacht“, überschüttete ich den verloren geglaubten Pfälzer mit Umarmungen der Erleichterung. „Ich habe an dem Büdchen in deiner Straße gestanden“, erzählte er mit leuchtenden Augen von freundlichen Herren in legerer Sportkleidung, die in fröhlicher Runde mit einer Flasche Bier angestoßen hätten oder ruhrpöttisch übersetzt: von Kumpels im Doppelbaumwollripp-Unterhemd und neongrüner Ballonseiden-Hose, die sich nach ihrer Schicht ein paar Kannen Feierabend-Bierchen reingezogen haben. „Du, das war so spannend, ich konnte mich von diesem Anblick einfach nicht losreißen“, entschuldigte sich mein Gast. Tja, kein Wunder, dachte ich, wer seine Promotion über Bettelorden in Trier geschrieben hat, der muss ja irgendwie einen Hang zum Elend haben.

**Zeiten ändern sich**

Diese Geschichten liegen mittlerweile 30 Jahre zurück. Die Zeiten haben sich geändert. Büdchen gibt es immer weniger. Auch die Zechen sind weggestorben. Der Strukturwandel hat ihre Flächen zu Industriedenkmalen, Seenlandschaften,

Kultur-Palästen, Kunstmuseen gemacht und anderen Nutzungen zugeführt.
Eine Welt im Wandel bietet die Chance, das verstaubte Image zu ändern – doch dann klettern die Heimatromantiker aus der 7. Sohle und schütten den Honigtopf ihrer güldenen Erinnerung über das kohlenschwarze Kapitel der Ruhrgebietsgeschichte.

Mir dreht sich manchmal der Magen um, wenn ich zum gefühlt tausendsten Mal von den Heldentaten der Arbeiter höre, die mit dem Leder am Arsch dem Bergwerk die Kohle abrangen und sich dabei die Staublunge aus dem Hals husteten. Diese Geschichten von Kameradschaftsgeist und Kämpfertum, von Taubenvätern und Nachbartanten, von Gartenzwerg und Grubenlampe, welche die Zechenzeit verklären. Dabei weiß ich die harte Arbeit der Bergarbeiter durchaus zu würdigen. Mein Großvater ist selber in „Fürst Leopold sein Loch" in Hervest-Dorsten eingefahren. Und habe nicht auch ich von dem Kohlenstaub besprenkelten Vanillepudding essen müssen, den meine Mutter in der Glasschüssel zum Abkühlen auf den Balkon gestellt hatte?

Und die Nachbarinnen, die von ihrem Fensterplatz aus – den mächtigen Busen aufs Sofakissen gebettet – die soziale Kontrolle ausübten, waren auch nicht immer lustig. Da biste mal verbotenerweise als Sozius-Klammeraffe auf Hannes' Zündap mitgesaust, – und klatsch – gab's abends von Vatter einen Schlag in den Nacken. Woher der von dem Fehlverhalten wusste? Einmal darfste raten. Zur Strafe gab's eine Woche Hausarrest. Und Puddingverbot. Aber der hat ja mit seinen „Kohlestreuseln" eh nicht geschmeckt.

Also, immer schön vorsichtig mit Vorurteilen und Klischees. Einfach mal richtig hingucken.

Das Ruhrgebiet ist viel mehr als derbe Witze, Fußball, Bier und Büdchen. „Beurteile nie einen Menschen, bevor du nicht mindestens einen halben Mond lang seine Mokassins getragen hast“, sagt eine indianische Weisheit. Vielleicht sollte ich darüber auch einmal mit Achim sprechen. Habe ihn allerdings in den letzten drei Jahrzehnten völlig aus den Augen verloren. Mal schnell googeln: Moment …, jau, da ist er ja! Donnerwetter, da ist der Achim doch tatsächlich Professor am mittelalterlichen Institut der Universität Fribourg geworden. Ich glaub’s nicht: ein Pfälzer bei den Schweizern!

Schweizer, das ist doch das merkwürdige Völkchen, das sich Äpfel mit der Armbrust vom Kopf schießen lässt und abends Brotwürfel aus dem Käsefondue-Topf fischt, oder?

**Ulrike Geffert**
**Der Aufsatz**

Ulrike Geffert, Jahrgang 1956, ist gebürtige Bottroperin, studierte in Bochum und Münster Psychologie und Sozialmanagement. Unter dem Pseudonym U. Li veröffentlichte sie Ruhrgebietskrimis und Kurzgeschichten in Anthologien des Autorenvereins ARIAL-10 e. V. Für die Zeitschrift *Tango Danza* verfasste sie Artikel über Tango-Events im Ruhrgebiet. Bei Henselowsky Boschmann ist ihre Kurzgeschichte *Marika Kilius, meine Mutter und der Herzog von Arenberg* erschienen. Sie lebt mit ihrem Kater Pablonski in Bottrop.

Uschi: Dieter, die Moni hat Deutsch auf. Aufsatz: „Ruhrgebietchen – Wat deine Kinder an dir lieben – un was nich."
Dieter: Wie … nicht? Unser Pott, der war gut, der is gut un der bleibt gut.
Uschi: Ich weiß nich. Als Blagen waret hier auch nich immer Sahne. Bronchitis, Pseudokrupp, dat war kein Spaß, mein Lieber. Un wenne zu dünn warst, wurdste zur Strafe auf Kur geschickt. Nach Norderney oder innen Schwarzwald. Dat war vielleicht gut füre Bronchien, aber schlecht füre Seele.
Dieter: Jaja, Norderney, Schwarzwald … Aber hier wars schön: Kohledeputat vors Haus gekippt. Papa anne große Pannschüppe. Lieferengpass bei de Briketts – un et war schon verdammt kalt. Der Keller winzig – also: stapeln, die Briketts. Dazu hörte Papa die Knef. „Hilde", sagte er immer, „hat 'ne Stimme zum Brikettzählen." Keine Ahnung, wat der damit gemeint hat. Mit Papa Briketts stapeln im Keller: gute Zeit! Alle möglichen Fragen stellen: Woraus man Kohle macht, un wie man weiß, dat man eine liebt. Warum Gott den Krieg erfunden hat, un wie lange die Ewigkeit dauert.
Uschi: Ich schätze ma, da blieben ein paar Fragen offen?
Dieter: Wenn's um den Krieg ging, drehte Papa Hilde einfach lauter. Un bei so Sachen wie Ewigkeit, da sachte der nur: Jetz machen wa ersma Pause.
Uschi: Na, immerhin wissen wir inzwischen, wat se kostet, die Ewigkeit.
Dieter: Wat die kostet?
Uschi: Man nennt dat Ewigkeitskosten, un die machen ungefähr 100 Millionen aus – im Jahr! Die Wasser-Verbände lassen mehr als 1000 Pumpwerke Tag un Nacht laufen hier in NRW. Wenn diese Maschinen nich Tag für Tag, Monat für Monat, Jahr für Jahr bis in alle Ewigkeit dat Gruben-

wasser aus den alten Stollen pumpen … absaufen würden wir – un nach ein paar Wochen: Atlantis statt Herne.
Dieter: Uschi … kannste die Predigt ma unterbrechen? Ich weiß dat doch alles. Ich hab oft genuch bis zum Arsch dringestanden, in dieser Brühe, als ich noch auf Prosper war. Fracht sich nur: Woher weißt DU dat?
Uschi: Dat hatte der Tim zuletzt – in Sachkunde.
Dieter: Oha! Aber zugegeben, dat die Ewigkeit uns 100 Millionen im Jahr kostet, stinkt mir natürlich auch. Noch mehr würde mir aber stinken, wenn die unterirdische Brühe unser Grundwasser verseucht. Un außerdem: Wer will schon zum Fluppenholen im Kanu über köttelbeckige Seenplatten fahren. Wobei: Wir renaturieren ja jetz die Emscher …
Uschi: Wer't glaubt! In sowat war'n wir schon immer gut: Hoffnung!
Dieter: Ja, genau: Schließlich hießen mehrere Stahlhütten so! GHH[1] Sterkrade, GHH …
Uschi: Wo kein Sinn is, einfach welchen machen. Die Nina von zwei Häuser weiter, die is ja seit diesen furchtbaren Schicksalschlach mitte Dauerwelle letztes Jahr in Therapie.
Dieter: Ich hab schon immer gewusst, dat die ihre Probleme mehr im Kopp als aufem Kopp hat.
Uschi: Dieter, jetz is aber gut! Dat is 'ne Traumatherapie!
Dieter: Hm.
Uschi: Jedenfalls der ihr Therapeut sacht: Dat is Reframing[2].
Dieter: Wat?
Uschi: Irgendwat mit halbvolle Gläser un Frösche küssen.
Dieter: Hä?
Uschi: Aus 'nem Altwarenlager aus Eisen, Schrott, 'n paar Lichteffekte un Grönemeyer 'n Weltkulturerbe zaubern, Kleinkunst von Moers bis Aplerbeck un papstgeknutschte Schlackeberge un jetz noch grüne Hauptstadt. Sowat emt.
Dieter: Reframing – son Quatsch! Ich nenn dat Humor!

Uschi: Der Therapeut sacht, wenn dat so weitergeht, kriegen wir demnächst 'nen Cosmic Kloaken Award! Innovation City wär'n wa ja schon!
Dieter: Uschi, geh mich weg mit sonne Wörter! Ich lass mir den Pott nich schlechtreden! Immerhin is Essen grüne Hauptstadt Europas!
Uschi: Ja, aber auch nur auf'm Papier. Von wegen unter 10 Tonnen $CO_2$ pro Bürger im Jahr! Bei der Berechnung haben die die Emission vonne ALU-Hütte in Essen-Nord vorsichtshalber vergessen. Diese Anlage verbraucht alleine genauso viel Strom wie alle Essener zusammen. Un würde man noch dazuzählen, wat Steag un RWE inne Luft pusten, der Pro-Kopf-Ausstoß wäre bei 27 Tonnen $CO_2$ pro Jahr!
Dieter: 27 Tonnen? Boah!
Uschi: Ja, Boah! Aber zwei große Wände aus Moos, die City-Trees, direkt am Bahnhof, die solln et wieder rausreißen. Ganz preiswert, dat Stück für 25 000 Euro. Schnäppchen!
Dieter: Sach ma Uschi, woher weißte dat alles …? Lass mich raten: Sachkunde?
Uschi: Ja. Un Reframing – un Frösche küssen, bis der Steiger kommt. Un wenn der Prinz auf sein weißes Ross …
Dieter: … oder aufem weißen Hai – ich mein ja nur, wegen Atlantis un die Seenplatte …
Uschi: Also … wenn dieser Prinz partout nich kommen will … Vielleicht hilft Koks?
Dieter: Warte ma: Frösche, Pferde, Haie … dat is doch alles Kokolores. Hier im Pott hat man Tauben! Wenn ich dran denke, wie der Ewald damals mit Peterle II drei Jahre hinternander den ersten Preis …
Uschi: Ich weiß, wat du meinst, Dieter, Helden der Lüfte. Im Viehtransport ab nach Frankreich, Belgien oder sogar innen Osten! Dat war immer ganz wat Großes!

Dieter: Jetz zick ma nich rum, Uschi. Wer unter Tage is, 1000 Meter untere Erde, der träumt natürlich vom Fliegen un vonne Freiheit! Dat war damals wie die Rückkehr vom Schlachtfeld aus der Gefangenschaft: tausende Friedensboten, die in Viehtransportern zusammengepfercht inne Fremde gebracht werden un die dann nach Hause finden, unversehrt un unbeirrbar …
Uschi: Na klar. Un der wurde gehegt un gepflegt der Champion, gefüttert, auf Händen getragen. Un man konnte mit ihm prahlen bei de Kumpels. Bis … der irgendwann am schwächeln fing un Vatta alt aussehen ließ. Dann hatte der Hoffnungsträger sein Verfallsdatum nämlich erreicht, un Vatta drehte ihm den Hals um … Am Ende lag dann der einstige Überflieger im Kreis der Familie, garniert mit Pellkartoffeln un Brechbohnen. Vom Hoffnungsträger zum Frikassee, zackzack, so schnell ging dat.
Dieter: Ja, gut, aber sei doch ma ehrlich[3], Uschi, isset nich viel besser, so'n Versager zu fressen, als den zu verbuddeln oder im Plumpsklo zu versenken?
Uschi: Hört sich schon wieder nach Reframing an. Verarbeitung durch Verdauung.
Dieter: Wat weiß ich? Am Ende geht jedenfalls alles ab inne Emscher. Also hoch die Tassen – auf Hänschen, Peterle un Rosie!
Uschi: Un wat bis heute bleibt, is Taubenscheiße. Da rächen sich die, die schlau genug waren, nich nach Hause zu kommen. Ich sach nur: Fluch der Städte. Den ganzen Ruhrpott lassen die in Taubenscheiße untergehen. Früher war Steinstaublunge, heute ätzt sich der Kot durch die Bronchien. Da hilft auch kein Norderney.
Dieter: Mensch, Uschi!
Uschi: UN die Grubenpferde!
Dieter: Nee, nich die Grubenpferde!

Uschi: Un warum nich?
Dieter: Weil dat sogar mir dat HERZ bricht, dieses schlimme Leben vonne Pferde unter Tage.
Uschi: Hass ja recht! Wir müssen jetz ma bald zu wat Gutes kommen, wie solln wa dat Kind sons helfen bein Aufsatz?
Dieter: Genau. Nimm ma zum Beispiel den BVB oder den MSV oder …
Uschi: Geh mich weg mit diese Buchstabensuppe! RWO, VHS …
Dieter: VfB heißt dat un natürlich S04.
Uschi: Schalke? Sind dat die mit den Klopp? Dat is ma 'n Mann!
Dieter: Hör auf, Uschi, lass uns lieber wat spachteln!
Uschi: Dieter, da sachse wat: Die Köstlichkeiten von Ruhrgebiet, dat is wat fürre Moni.
Dieter: Ich geh nich zu'n Chinesen!
Uschi: Dat mein ich nich! Ich find dat Thema „Essen" gut für son Aufsatz. Also nicht so mit Sterne, aber lecker!
Dieter: Du meinst: Currywurst un Pommes Schranke? Oder Panhas? Oder einfach mal 'ne Stulle mit dick Schwattemagen auf Hand?
Uschi: Genau. Un manchma auch gesund: Bergmannsspargel[4] oder Gemüse durchenander un natürlich immer Butter bei de Fische – außer bei Heringsstipp.
Dieter: Un nachem Essen ersma 'n Pils.
Uschi: Wo wa grade von Fisch sprechen: Weiße noch? Kleine Haie![5]
Dieter: Jau! „Wat spül'n Sie denn so?" – Als wäret gestern gewesen. Du un ich im Kino, Reihe 4.
Uschi: Un natürlich dat Old Daddy. Duisburg, Sterkrade, wat haben wir abgerockt.
Dieter: Un heute ham wa Extraschicht. Bisken anstrengend – aber gut!

Uschi: Du, nochma wegen den Kino, ne, da war doch dieser Streifen … wie hieß der noch… Wo der am Ende sacht: „Et kommt der Tach, da will die Säge sägen."[6]
Dieter: Mit die Tana Schanzara?
Uschi: Genau! Die soll ja 'ne echte Schauspielerin gewesen sein, mit Theater un so …
Dieter: Ja, da weiß die Moni aber doch nix von …
Uschi: Dann vielleicht Tatort. Schimanski …
Dieter: Noch so'n Frauentyp. Nee, lass ma. Ich könnte der Moni vielleicht wat erzählen vom Dezember '87 – Generalstreik im Pott. AufRuhr. Die haben damals die A 40 gesperrt, die Stahlarbeiter.
Uschi: Von sowat hat die Moni auch kein Plan. A 40-Sperrung, da denkt die an Kulturhauptstadt.
Dieter: Ja, für die jungen Leute is der Pott ein einziges Museum un der Ruhri als lebendes Ausstellungsstück mittendrin. Warte ma ab, Uschi, bald steht hier alles unter Denkmalschutz!
Uschi: Un et gibt ja auch wirklich schöne … Denkmäler.
Dieter: Du meins – Gasometer?
Uschi: Ich dachte eher an dat öffentliche Klo am Eingang vom Bottroper Stadtgarten …
Dieter: Uschi! Versündige dich nich an meine Heimatstadt!
Uschi: Doch, ehrlich: Denkmalschutz!
Dieter: Ma wat anderes: Weißte, wat auch richtig gut is bei uns im Pott? Der ganze Schnickschnack, den wir nich brauchen.
Uschi: Vielleicht so – wie heißt dat – Genitive?
Dieter: Nee, die braucht die Moni ja vielleicht doch für ihrn Aufsatz. Nee, ich hab da zum Beispiel an „Ehrenworte" gedacht.
Uschi: Stimmt, Dieter, für sowat ham wir gar kein Vaständnis hier inne Gegend.

Dieter: Genau. Sowat gibtet aufem Pütt nich. Wo käm wa denn da hin, wenn die Kumpels sich bei der Abfahrt im Förderkorb Ehrenwörter geben müssten: „Wat immer auch passiert, Jupp, ich bin an deine Seite!“ oder „Keine Sorge, Mustafa, wenn et zum Verbrechen[7] kommt, kannste dich auf mich verlassen!”

Uschi: So'n schmalztriefendes Ehrenwort bringen, glaub ich, immer die annen Start, die sich eben nich vertrauen können. Also so Politiker un Amigos.

Dieter: Noch wat?

Uschi: Wie noch wat?

Dieter: Für die Moni ihrn Aufsatz.

Uschi: Jau, einen noch. Pass auf: Du kommst aus em Urlaub zurück, vonne Nordsee vielleicht oder aus Holland. Is spät geworden. Du fährst durche Nacht über die A52 Richtung Gladbeck oder über die 42 so Höhe Duisburg-Nord. Un dann siehste se schon von weitem: Scholven oder Bruckhausen, je nachdem … Hell erleuchtet. Da ist Maloche, da is Leben! Un gleich nebenan so'n mickriger Sichelmond, den der Herrgott an den Himmel gepostet hat. Un du kramst unterm Fahrersitz nach 'nem Mottek[8], einfach, weil der neben so 'ne Sichel gehört, da findeste die Missfits-CD, die de seit Wochen suchst: Un alles watte siehst is – Oberhausen! Un dann heulste vor Glück, wieder zu Hause zu sein.

---

(1) Gutehoffnungshütte

(2) Reframing: Eine Situation/ein Ereignis wird in einen anderen Kontext (Rahmen/Frame) gesetzt und erhält dadurch einen (anderen) Sinn, eine neue Bedeutung. Stichworte: Glas halb leer wird zu Glas halb voll. Perspektivenwechsel, Frosch wird Prinz usw.

(3) „Ma ehrlich“ geht immer im Pott!

(4) Schwarzwurzel

(5) Kleine Haie, 1992. Regie: Sönke Wortmann

(6) Jede Menge Kohle, 1981. Regie: Adolf Winkelmann

(7) Als „Verbrechen“ bezeichnet man unter Tage das Einstürzen oder Zusammenbrechen eines Schachtes oder eines Stollens

(8) Hammer

**René Schiering**
**Gladbeck – Autobiographie einer Hassliebe**

René Schiering wurde am 27. August 1977 in Gladbeck, Westfalen geboren; ist promovierter Sprachwissenschaftler, passionierter Punkrock- und Country-Musiker und mit Leib und Seele Schriftsteller. Er publizierte zum Ruhrdeutschen, debütierte 2011 mit *Ruhrpott-Köter* als Romanautor und schrieb in den letzten Jahren Drehbücher für diverse Formate im Privatfernsehen.

„Ich bin Theo, aus Herne."

So selbstverständlich stellt sich LKW-Fahrer Gromberg (Marius Müller-Westernhagen) auf der internationalen Suche nach seinem gestohlenen Volvo immer vor. Auch wenn keine Sau weiß, wo Herne ist. In „Theo gegen den Rest der Welt" ist das Ruhrgebiet unhinterfragt der Mittelpunkt des Universums. Obwohl mich solche Ruhrgebietsfilme seit meiner frühen Kindheit prägen, sollte es für mich ein weiter, steiniger Weg sein, bis ich mich selbstbewusst mit Verweis auf meine Heimat vorstellen konnte.

Während meiner Kindheit Anfang der 1980er in Gelsenkirchen war ein Schalke-Wappen „Booor!" und brachte beim Fußballbildertausch auf dem Schulhof mindestens hundert Bilder nach Wahl ein. Smog-Alarm war „Nööö!", und wenn man sich kein Taschentuch vor den Mund hielt, gab es Schläge vom Schulrüpel. Natürlich war Scholven für mich nicht nur irgendein Stadtteil im tristen nördlichen Ruhrgebiet. Es war die ganze weite Welt. So wie es Herne für Theo war.

Entgegen allen Klischees erinnere ich weite Felder, durch die ich erst zum Kindergarten und später dann zur Grundschule ging. Mein bester Freund in der ersten und zweiten Klasse wohnte sogar auf einem Bauernhof. Bis in die Dämmerung spielten wir auf der Wiese hinter dem Haupthaus Fußball und träumten von einer Karriere beim FC Schalke 04. Im Hintergrund ragten die Kühltürme des Kraftwerks Scholven in den abendlichen Himmel. Eines Tages spielte ich alleine auf dem Parkdeck unserer Hochhaussiedlung und bekam einen Riesenanschiss, als ich wieder nach Hause kam. Mein weißes T-Shirt war grau vor Dreck. Dabei hatte ich wirklich nichts, aber auch gar nichts gemacht! Heute wissen meine Mutter und ich, dass die Luftverschmutzung schuld daran war.

Mein Heimatidyll wurde mir das erste Mal beim Familienurlaub in Dänemark geraubt, als ich mit anhören musste, wie meine Eltern ihre Herkunft umständlich mit Verweis auf … Köln erklärten. Köln? Das kannte ich nur aus dem Fernsehen! Millowitsch, Karneval und Dom? Wir sind doch keine Rheinländer! Die Verwirrung war komplett, als mein Onkel unterm hellbeleuchteten Weihnachtsbaum, der jedes Jahr zum Geburtstag meiner Tante im Dezember vom Dach der Zeche Nordstern ins verrauchte Wohnzimmer schien, darauf bestand, dass wir Westfalen und eben nicht Nordrhein-Westfalen sind … Auf einmal wurde es kompliziert. Wo kommen wir denn nun her? Wer sind wir denn nun?

Als wir Mitte der 1980er in die Geburtsstadt meiner Eltern zogen, war ich im Niemandslands angekommen. Gladbeck hatte ja noch nicht einmal einen überregional spielenden Fußballverein! Entsprechend war es auch eine echte Sensation, als mein Vater eines Tages im August 1988 von der Arbeit nach Hause kam und aufgeregt berichtete: „Gladbeck is' im Fernseh'n!" Glotze an und Schock … Wegen zwei durchgeknallter Geiselgangster, die gar nicht so weit weg von uns lebten. Seitdem kennt jeder Gladbeck. Nicht unbedingt etwas, auf das man stolz sein kann. Deswegen war ich auch nicht der Einzige, der über Jahre hinweg zögerte, sich als Gladbecker zu bekennen. Denn kaum sprach man das Wort Gladbeck aus, kamen sofort die unangenehmen Nachfragen: Das mit dem Geiseldrama? Die Nation schüttelte den Kopf über uns und lachte bei den Live-Interviews mit den Verbrechern darüber, wie wir hier sprachen.

Ich begann als Teenager in den 1990ern meine Heimat zu hassen. Damals schienen mir Rösner und Degowski sogar die repräsentativsten Biographien der Stadt zu sein. Welche Zukunft hatte man hier denn schon? Ausbildung unter Tage? Und dann? Mein Vater sagte, die Zechen haben keine

Zukunft, und ich glaubte ihm. Die Meisten endeten eh in der Arbeitslosigkeit, verbrachten ihre Tage trinkend am Busbahnhof und drehten früher oder später durch. Ich sah viel zu früh viel zu viele Menschen sterben. Tina erfror im Wittringer Wald. Christian sprang vom Karstadt-Parkhaus in den Tod. Und Daniel starb an einer Überdosis Heroin. Gladbecker zu sein, empfand ich schnell als ungerechte Strafe. Es gab hier zwar eine Szene, die zur Kreativität animierte. Die Grenzen der Kunst waren nach dem ersten Konzertbericht im Lokalteil der WAZ aber bereits ausgelotet.

Positive Vorbilder gab es für mich quasi keine. Ich schielte ins indirekt benachbarte Oberhausen und fand Trost in der ungewöhnlichen Karriere des Christoph Schlingensief. Aber der musste auch irgendwann nach München, um weiterzukommen. Mich zog es in die Medienstadt Köln, weiter reichte mein Horizont damals nicht.

Jeder Exil-Ruhrpottler kennt wohl dieses beschämende Gefühl, wenn man während der Frühstückspause zum Gespött wird, weil man Kniffte zu seinem belegten Brot sagt. Auch ein saftiges dat oder wat in typisch ruhrdeutscher Aussprache kann diesen peinlichen Effekt haben. In meinen ersten Jahren in Köln waren mir solche Momente zuwider, und deshalb verleugnete ich meine Muttersprache, so gut es ging. Schließlich wollte ich ja auch Schriftsteller werden, und die schreiben bekanntermaßen Hochdeutsch.

Ausgerechnet die Wissenschaft vermochte es, mich – den Akademiker aus „bildungsfernem Haushalt" – wieder zu erden. Ich entwickelte ein Interesse für Alltagssprache, ursprünglich, um später mal authentische Dialoge schreiben zu können. Plötzlich entdeckte ich eine umfassende Fachliteratur über meine Heimatvarietät, das Ruhrdeutsche. Wo andere über abgelegene nordamerikanische Indianersprachen forschten, gab es auch Wissenschaftler, die dem

„sprachlichen Müll“ im Alltag des Ruhrgebiets Bedeutung zusprachen. Augenöffnend war für mich Arend Mihms „Zur Entstehung neuer Sprachvarietäten. Ruhrdeutscher Kasusgebrauch und seine Erklärung“ in Band 10 der Zeitschrift für germanistische Linguistik von 1982 (S. 263–294). Ein gewisser Stolz packte mich, als ich den Namen meiner Heimatstadt in wissenschaftlichen Publikationen las. Ich amüsierte mich über die sprachlichen Belege. Ja, wir sagen mitti Faust und nicht mit der Faust! Auch die Arbeiten von Heinz H. Menge inspirierten mich einschlägig. Und so kam es, dass ich meine Magisterarbeit 2002 über das Ruhrdeutsche schrieb und mit wachsendem Heimweh stundenlang Sprachaufnahmen aus Gladbeck und Oberhausen in meinem Kölner Studienzimmer transkribierte. Das Ruhrdeutsche hat sehr wohl eine eigene Grammatik. Was sich aus standarddeutscher Perspektive vielleicht falsch anhört, ist richtig nach den Regeln des Ruhrpotts und überhaupt kein Grund zur Scham. Ganz im Gegenteil: Man kann es schätzen, wie einen Dialekt.

Mit meiner Promotion begann ein turbulenter Lebensabschnitt, in dem ich als akademischer Hoffnungsträger quer durchs Land zog. Ich beobachtete meine Heimat aus sicherer Entfernung und ließ tausende Kilometer auf der Strecke, um Familie und Freunde nicht aus den Augen zu verlieren. Dass ich irgendwann ins Ruhrgebiet zurückkehren würde, war dabei irgendwie immer klar. „Ich bau’ mich mein Häusken nur anne Ruhr“, wie Ährwin Weiss so treffend singt. Meine Forschung zu den Schalker Fangesängen in der Saison 2005/2006 lieferte mir zudem einen beruflichen Grund für meine Heimfahrten. Erst von Konstanz, später dann von Leipzig aus tauchte ich in die Schalker Fanszene ein und kehrte damit zu meinen Wurzeln zurück. Für die Fans ist Gelsenkirchen nämlich unhinterfragt der

Mittelpunkt des Universums. Man identifiziert sich mit Bezug auf die Bergbautradition als Schalker und grölt sein Selbstverständnis in Schlachtrufen und Gesängen laut in die Welt hinaus. Das ließ mich nicht unberührt. Ich trat auch außerhalb des Stadions als Schalker auf. In einer Kneipe in Konstanz nannte man mich nur „den Schalker", weil ich meinem Verein jeden Samstag bei der Konferenzschaltung die Daumen drückte. Holländische Touristen erkannten mich in der Fankurve als „Echten" und wollten ein Foto. Von den Ultras wurde ich trotzdem am letzten Tag der Feldforschung gejagt, weil mein verstecktes Mikrofon dann doch noch auffiel.

Als ich 2008 dann meine Stelle an der Westfälischen Wilhelms-Universität antrat, war ich bereit, wieder in die Heimat zurückzukehren. Ich bezog ein kleines Apartment in Gladbeck, mit zwei guten alten Kollegen als Nachbarn direkt im Haus, und pendelte von dort aus nach Münster. Mein morgendlicher Radweg zum Bahnhof Gladbeck West führte mich an diverse Schauplätze meiner verhassten Jugend. Aber auf einmal taten die Erinnerungen nicht mehr weh. Ich war einfach nur froh, dass ich den kürzesten Weg von A nach B kannte. Wie Lou Reed es so schön über seine Heimat Brooklyn sagte: „I know my way around." Meine emotionale Reise als Heimkehrer verarbeitete ich in meinem Romandebüt *Ruhrpott-Köter*. Ich war angekommen und erntete sogar Lob dafür.

Inzwischen bin ich wieder sehr gerne hier.

Ich weiß, wo ich bin. Ich weiß, wer ich bin.

Ich bin René, der Schalker, oder: Ich bin René, der Ruhrpott-Köter, oder aber einfach nur:

„Ich bin René, aus Gladbeck."

## Gerd Puls
## Hammer und Schlegel, Spaten und Axt

Gerd Puls, geboren 1949 in dem Bergbaudorf Heeren im östlichen Ruhrgebiet zwischen Dortmund und Hamm. Hier lebt er seitdem. Er arbeitete als Werbekaufmann in Dortmund und als Lehrer und Schulleiter im Kreis Unna und im Märkischen Kreis. Gerd Puls ist verheiratet und hat zwei erwachsene Söhne. Seit 1971 stellt er Malerei, Grafik und Skulpturen aus und veröffentlicht regelmäßig vor allem Lyrik und Erzählungen. Zuletzt erschienen: *Beste Aussicht, Westfälische Grüße, Erzählungen, Collagen*, Bochum 2014; *Lass es Liebe sein, Erzählungen* (2014); *Über der Stadt, Gedichte aus dem Ruhrgebiet* (2018); *Mitten ins Herz, Kriminalerzählungen aus dem Ruhrgebiet* (2018). [www.gerd-puls.de]

*Ri-ra-runkel*
*Im Hühnerarsch ist's dunkel*
*Es kann ja auch nicht helle sein*
*Es scheint ja keine Sonne rein*
*Ri-ra-runkel*
*Im Hühnerarsch bleibt's dunkel*

Duster war es in den 50ern und 60ern nicht nur in der Hühnerfurt, oder in Wanne-Eickel und Castrop-Rauxel, auch anderswo in Deutschland wurde auf kleiner Flamme gekocht. Da sah mancher sogar einen hellen Schimmer im Ruhrpott, wenn es um einen Arbeitsplatz ging. Und so zogen zigtausend Arbeitssuchende von überall her, auch aus dem heute ach so reichen Schwaben und aus Bayern, ins Ruhrrevier, bevor knapp zehn Jahre später die ersten Italiener und kurz danach die ersten Türken kamen. All die Flüchtlinge aus dem Osten, aus Pommern und Schlesien und woher auch immer, waren da längst vor Ort im gelobten Land an Lippe und Ruhr.

Das brachte Wohnungsnot und Enge mit sich. Arbeitsplätze gab es. Behausungen, in deren Schlafzimmern die hart arbeitende Bevölkerung ihre müden Häupter betten konnte, mussten in Form von schlichten und uniformen Siedlungen hastig, oft über Nacht, hochgezogen werden. Diese Siedlungen ähnelten sich wie ein Ei dem anderen und brachten mehr Menschen, aber auch viel graue Einförmigkeit, mehr Enge und austauschbare Tristesse. Man wohnte Tür an Tür, dicht an dicht, man hörte, sah und wusste, was nebenan gerade vor sich ging. Diese Art der Kontrolle und mehr oder weniger harmlosen Überwachung gehörte zwangsläufig dazu, niemand kannte es anders, niemand konnte sich dem entziehen. Man kuckte über den Zaun, man kuckte sich gegenseitig ins Fenster und in den Kochpott. Was macht der da schon wieder? Was macht die da ganz einfach nicht, obwohl sie es tun sollte, weil es der Norm entsprach?

Die Tage waren getaktet, der Sonntag unterschied sich deutlich von den noch sechs Werktagen. Der Tagesablauf der Männer war bestimmt durch die Schicht, durch die Arbeit auf Zeche oder im Stahlwerk. Bei den Frauen drehte sich alles um Haushalt, Essenkochen, Wäschewaschen, Putzen, Einkaufen, Gartenarbeit, Kinder. Meist in dieser Reihenfolge, wobei die Kinder tatsächlich am Schluss kamen, da sie, bedingt durch die viele, auch körperlich anstrengende Arbeit der Eltern, den lieben langen Tag über, abgesehen vom kurzen Schulvormittag, meist tun und machen konnten, was sie wollten. Vater und Mutter hatten zu viel um die Ohren, als dass sie die Blagen rund um die Uhr hätten beaufsichtigen können.

„Wennet dunkel wird, kommsse rein, abba zackich!" Das war für uns Kinder klar wie das Amen in der Kirche, außerdem hatten wir uns dann müde gespielt, spätestens jetzt Schmacht und brauchten dringend wat auffe Gabel und zwischen de Rippen.

Wenn wir den ganzen Tag so spielten, egal mit wem und egal wo, dann sahen und hörten wir alles Mögliche und kriegten oft mehr mit, als es den Älteren recht war. War das Entdeckte und Wahrgenommene auch noch ungewöhnlich und spektakulär, spannend und neu für uns, verstärkte es nur unsere Neugier.

Die 50er und 60er Jahre waren nicht nur für mich eine enge, eine beschränkte Zeit, die oft genug in schlichten Schwarzweiß- und verschwommenen und düsteren Grautönen gezeichnet war. Ein grauer Himmel über einer grauen Siedlung, einer grauen Straße. Alltagsfarben für Ruhrpottkinder. Das tiefe Schwarz der Stollen blieb uns zum Glück erspart. Mir reichten Düsternis und Grausamkeit in den Kriegserzählungen meines Oppas, wenn er ehrlich, drastisch und ungeschminkt von Gas- und Grabenkriegen des 1. Weltkriegs in Nordfrankreich erzählte, wobei er die wirklichen Schrecken, ich bin mir sicher, nie erwähnte.

Die 50er, 60er Jahre, landauf, landab eine dustere Zeit, in der gerade Zurückliegendes eifrig verdrängt wurde. Eine dustere Zeit, nicht nur, vor allem aber auch im Ruhrgebiet, wo, wie anderswo auch, heftig und häufig viel zu viel gesoffen wurde. Vielleicht wollte man mit Alkohol einfach verdrängen, dachte ich bald, die Kriege und die braune Zeit ersäufen, wenn es anders nicht gelingen wollte.

Doch muntere Zechgelage und feuchtfröhliches Beisammensein endeten nicht immer friedlich. In der Kneipe kaum ein Problem. Hatten die Zecher genug, drehte der Wirt den Zapfhahn zu, setzte die Streithähne vor die Tür und rief, wenn es gar nicht anders ging, die Polizei. Eventuell wurde noch ein wenig auf der Straße weiter randaliert, doch meist wurde es rasch still, und die Kinder konnten vor dem Schlafengehen noch manchen Stammgast von der Kneipe gegenüber sturzbesoffen nach Hause schwanken sehen. Musste jemand mit dem Bollerwagen oder gar mit dem Taxi gebracht werden, was ein absoluter Ausnahmefall war, kannten Gegaffe und Geraune hinter den Gardinen keine Grenzen. Schlug der Trunkenbold dann noch ein paar Mal lang hin, kam kaum wieder auf die Beine und kriegte den Schlüssel nicht ins Schlüsselloch, war die Schadenfreude umso größer. Mitunter aber half kein Taxi, und manchmal nützte auch kein Krankenwagen. Notarzt, den gab es nicht, den Begriff kannte keiner von uns. Und es musste längst nicht immer die Kneipe sein.

Eine Straße weiter war wieder mal eine Männerrunde Bergleute restlos besoffen, zugedröhnt bis obenhin und restlos enthemmt in den Gartenschuppen hinterm Haus getorkelt. Jeder hatte irgendetwas Passendes gegriffen und blind losgedroschen mit Mistgabel, Kartoffelhacke, Spaten und Axt. Es gab einen Toten, und die Gründe für dieses erbarmungslos brutale Aufeinanderlosgehen mochten unabhängig vom realen Streithintergrund auch im Alkohol und in allgemein ziemlich hoher Gewaltbereitschaft gelegen haben.

Innerhalb und außerhalb der Familien, in Schulen und anderen staatlichen Einrichtungen, allerspätestens beim Militär so erzogen und gedrillt, galt manchen Kerls rücksichtslose Rohheit und körperliche Gewalt als etwas Männliches, Natürliches, Erstrebenswertes, erschien brutales Vorgehen und massive Gewaltanwendung bei Auseinandersetzungen naheliegend, fast selbstverständlich. Das erschloss sich uns Kindern erst später, als wir das Blutbad längst vergessen hatten und zur Tagesordnung übergingen. Alle beteiligten Männer haben schließlich den Krieg mitgemacht, hören wir, wo und in welcher Form auch immer. Und Krieg verroht, erklärte uns der Volksschullehrer, eine seltene und rühmliche Ausnahme seinerzeit.

Beim nächsten Mal winkten mich Spielkameraden aufgeregt herbei, weil ein paar Häuser weiter lautes Gebrüll zu hören war. Wir rannten zum nahen Waldrand, schlichen uns von dort vorsichtig durch das Unterholz hinter die Gärten und wurden neugierige Zeugen einer bestürzenden Familientragödie. Wieder einmal waren der jähzornige alte Winkelkämper und seine Söhne Günter und Helmut im Suff aufeinander losgegangen, und der Vater hatte wieder einmal fürchterlich zugeschlagen. Günter lag blutend in der Gartenfurche, neben dem Mistfall unter dem Birnbaum krümmte sich sein Vater winselnd am Boden, und hinten an der Grundstücksgrenze, fast am Waldrand, wo wir Jäuster beobachtend hinter den Sträuchern lauerten, saß Helmut Winkelkämper auf der Gartenbank und hielt die schwere Axt an seiner Seite fest umklammert.

Ich riss die Augen auf und starrte auf die Axt und Helmuts weiß hervortretende Knöchel. Tränen und Blut in seinem Gesicht, Blut an seinem Hemd. Ich sah, dass er hemmungslos weinte und hörte ihn brüllen: Ich bring dich um! Wenn du uns noch einmal anfasst, bring ich dich um!

Meine Freunde in ihrem Versteck kriegten vor Entsetzen Augen und Mund nicht wieder zu. Angst und Abscheu und gleichzeitig Mitleid und Sorge um Günter und Helmut brannten sich in unsere Schädel und fraßen sich fest. Es ging an die Nieren, keine Ahnung, wie wir den beiden helfen konnten.

Alltägliche Gewaltausbrüche. Mal hier, mal da. Mitunter in unschöner Regelmäßigkeit. Waren es immer irgendwelche Kriegserlebnisse, die die Männer hatten, wie uns der Lehrer erklärte? War es die harte und eintönige Arbeit Tag für Tag, die manche abstumpfte und zu brutalen Schlägern werden ließ?

Wenn ein Schwein geschlachtet wurde, durfte ich nicht dabei sein. Fürsorge, Vorsorge und Verhütungsmaßnahme. So was ist doch nichts für Kinder. Am nächsten Tag in der Schule hörte ich, dass der kleine Klassenkamerad, ein etwas zurückgebliebener Bauernsohn, von dem jeder wusste, dass er im Suff gezeugt wurde, die Mistforke der Surge mehrfach tief in den Hinterschinken gestochen hatte, weil der kleine Kerl den Saustall alleine ausmisten sollte mit gerade mal sieben.

Rohheit, Hilflosigkeit, Verzweiflung, blinde Wut. Gewaltausbrüche hier und da und dort. Gefühle blieben häufig außen vor. Und doch: in tristen, engen und schmuddeliggrauen Jahren eine liebevolle und behütete Kindheit im

Rahmen dessen, was möglich und üblich war. Liebe und Fürsorge gab es für mich als Jaust reichlich und regelmäßig und hielt sich zum Glück doch in Grenzen, weil mehr einfach nicht möglich, nicht üblich war. Nein, überbehütet waren wir nicht. Allzu viel ist ungesund, hörte ich oft. Eine alte Weisheit, egal, worauf sie sich bezog. Allemal aufs Saufen, wusste ich bald und hielt mich daran.

Eine dustere Zeit, trotz Wiederaufbau und Wirtschaftswunder, und eine schöne Kindheit, mochte alles um mich herum noch so trübe sein. Eine Kindheit voller Liebe und Geborgenheit, verbunden mit der Tatsache, dass ich sowieso nirgendwo sonst sein wollte und mir auch nichts anderes vorstellen konnte, als dass es hier sein musste, nur hier sein konnte, im Schatten der Hochöfen, Drahtziehereien, Kokereien und Zechen, mochte es in der Hühnerfurt und tausend Meter tief unter Tage auch noch so dunkel sein.

## Ullrich Spiegelberg
## Boch eh

Boch eh, dat is aba klasse
boc e, da i ab klass
bo, a klas
b, kla

Boch eh, wat soll dat eignlich?
Verarschn kann ich mich selba!

Ende Januar 2018 ist Ullrich Spiegelberg im Alter von 68 Jahren gestorben. Er war Germanist, Dipl.-Bibliothekar, Hausmann, Sportler, Künstler. Ganz ausgeprägt war seine Kunst, die „Herzen der Menschen aufzuschließen", wie es einer seiner vielen Freunde mal sagte. Zeit seiner Lebens hat er Gedichte geschrieben. Die meisten sind nicht gedruckt, liegen in einem großen Karton und harren der Veröffentlichung. Auf das Gedicht „fortuna unglück" (S. 187) ist Ullrichs Frau Astrid bei der Sichtung des Kartons gestoßen. Sie vermutet, dass es anlässlich seines letzten Spiels bei dem berühmten Freizeitverein „Fortuna Unglück" entstanden ist. Die beiden anderen sind veröffentlicht. Das auf dieser Seite ist 1997 beim Jandl-Wettbewerb eingereicht worden. Die Einsendungen finden sich bequem bei den „Gelsenkirchener Geschichten" (http://www.gelsenkirchener-geschichten.de/viewtopic.php?p=36517). „Bude verzaubert" schließt dieses Buch ab (S. 223) und stammt aus dem Band „Budenzauber. Texte zum schönsten Ort des Ruhrgebiets", hg. 2016 von den „Ruhrpoeten e.V.".

## Susi Lilienfeldt
## Sammlung in Bewegung

Susi Lilienfeldt
Diplom Designerin aus Dortmund, 1967 in Hagen geboren, hat drei wunderbare Kinder und kam nach einem schönen Tag in Bottrop ganz unverhofft zum Schreiben dieser Geschichte.
[www.lilienfeldt-design.de]
*„Ich und mein Leben, die immer wiederkehrenden Fragen, der endlose Zug der Ungläubigen, die Städte voller Narren. Wozu bin ich? Wozu nutz dieses Leben? Die Antwort: Damit du hier bist. Damit das Leben nicht zu Ende geht, deine Individualität. Damit das Spiel der Mächte weitergeht und du deinen Vers dazu beitragen kannst.“*
Walt Whitman

Auf einer seiner nächtlichen Kontrollrunden durch den Dortmunder U-Turm war der Sicherheitsdienstmitarbeiter Peter Kozlowski, genannt Kozi, wie so oft damit beschäftigt, einen Besucher des Clubs in der obersten Etage des Gebäudes nach durchzechter Nacht davon abzuhalten, in den Fahrstuhl zu kotzen – Kozi, der Kotzbeauftragte.

Als er ein lautes Gepolter aus dem oberen Teil des Gebäudes hörte, schubste er den besoffenen Hipster gerade noch rechtzeitig in eine der Toiletten und machte sich dann über die Rolltreppe – auf der er sich fühlte, als wäre er in der Thier Galerie – auf in die 4. Etage, wo sich das Museum Ostwall befand. Das erste Mal fiel ihm auf: Ostwall – der ist doch eigentlich ganz woanders.

Regelmäßig blieb er auf seinen täglichen Runden durch das Museum vor dem „Selbstbildnis mit Zigarette“ von Max Beckmann stehen. Irgendetwas faszinierte ihn an dem Bild. Es war zu einer kleinen, liebevollen Gewohnheit geworden, Max mit seiner Taschenlampe ins Gesicht zu leuchten und ihm eine gute Nacht zu wünschen. Einmal war er sicher gewesen, ein Augenzwinkern bemerkt zu haben.

Beim Betrachten des Bildes fragte er sich immer wieder, was Beckmann wohl gerade dachte. Am liebsten hätte er ihm aus Brandschutzgründen die Zigarette aus der Hand genommen – im Museum herrschte striktes Rauchverbot.

Mit seinem Universalschlüssel öffnete Kozi die Tür zur Ausstellung und lauschte ins Dunkel hinein; alles schien ruhig und unverdächtig. Er ging durch die Räume und konnte zunächst nichts Außergewöhnliches feststellen. Als er jedoch an Max Beckmann vorbeikam, starrte er verwundert auf das Bild. Das Gemälde war leer, nur noch Hintergrund, Max Beckmann verschwunden. Sonst war es unverändert und unbeschädigt. Kozi gab sich eine Ohrfeige, weil er zu träumen glaubte, aber Beckmann blieb verschwunden. Als er sich umschaute, sah er, dass alle Bilder im Museum menschenleer waren.

Er rannte auf die Toilette, wusch sich das Gesicht mit kaltem Wasser und betrachtete sich im Spiegel: „Jetzt bist du komplett bekloppt geworden“, sagte er zu seinem Spiegelbild.

Als er zurückkehrte, waren die Bilder unverändert leer. Kozi setzte sich auf den Fußboden und vergrub seinen Kopf zwischen den Knien. Als er so dasaß und an seinem Verstand zweifelte, hörte er Getuschel. Langsam stand er auf und folgte den Stimmen.

Er versteckte sich hinter einer der tragenden Säulen und konnte von dort aus unbemerkt beobachten, woher die Stimmen kamen: Alle Gemäldeflüchtlinge hatten sich versammelt und führten eine hitzige Diskussion.

Da standen die Expressionisten zusammen mit den Impressionisten, die Brücke mit den blauen Reitern im schummrigen Licht einiger Laternen. Ein Herr aus einem Gemälde der Erneuerung der religiösen Malerei hatte jeder der drei nackten Damen aus dem Bild „Drei Badende im Teich“ ein Tuch umgelegt, wofür sie sich höflich bedankten.

Die Versammelten planten einen Ausbruch; es reichte ihnen, sie mochten nicht länger in dieser „oberirdischen Tiefgarage“ hängen. Sie wollten Tageslicht, weitläufige Räume, mit großen Fenstern und vielen Besuchern, welche die Kunst aus angemessener Entfernung betrachten konnten. Sie waren unglücklich und frustriert. Einige erzählten von spannenden Orten, an denen sie gehangen hatten und wo sie überall als Leihgaben auf Reisen gewesen waren. Es gab zwar das Gerücht, dass Umbaumaßnahmen im Museum geplant wären, dennoch wünschten sie sich zurück ins alte Ostwall Museum, das vor einigen Jahren vom namensgebenden Ostwall in den U-Turm umgezogen war.

Kozi hörte aufmerksam zu und konnte ihren Frust verstehen, obwohl er gleichzeitig davon überzeugt war, dass das alles nur Einbildung sein konnte.

Nach einer Weile löste sich die skurrile Versammlung auf, und alle verabschiedeten sich bis zum nächsten Treffen. Mit traurigen Mienen und einem Funken Hoffnung stiegen sie zurück in ihre Bilder, und Kozi beendete unentdeckt seine Schicht und ging nach Hause.

Am Tag darauf berichtete er seinem Chef aufgeregt von den nächtlichen Vorkommnissen. Dieser hörte sich die Geschichte in aller Seelenruhe an, kramte kopfschüttelnd in seiner Brieftasche und schob Kozi am Ende seines Vortrags die Visitenkarte einer psychologischen Praxis zu: „Da gehst du mal besser hin, die bringen dich wieder in die Spur."

Merkwürdig war, dass zeitgleich eine Museumsbesucherin eine zertretene Kippe auf dem Boden fand, und ein kleiner Junge seine Mutter fragte, warum denn das Bild von Max Beckmann „Selbstbildnis mit Zigarette" hieße, obwohl auf dem Bild gar keine Zigarette zu sehen war.

## Thomas Rother
## Alfred – ein Urgestein, das aus der Kälte kam

Thomas Rother betreibt mit Christa Rother auf dem Welterbe Zollverein Essen den „Kunstschacht Zollverein“: Atelier, Museum, Wohnstätte, Tagungsraum. Im Buch *Grubengold* Delia Bösch: „... ein archaisches, schwer romantisches Wunderkabinett und zugleich der einzige Ort im ganzen Ruhrgebiet, wo sich Kunst und Kohle auf derart atemberaubende Weise gefunden haben.“ Susanne Kippenberger im „Tagespiegel“ Berlin: „Rother ist ein Zauberer: Er macht aus Vergangenheit Gegenwart, aus Industrie Kunst und aus Kunst Leben, aus Altem macht er Neues.“
Thomas Rother, 1937 in Frankfurt (Oder) geboren, lebt seit 1955 in Essen. Maurerlehre, Studium, WAZ-Redakteur, Schriftsteller, bildender Künstler. Vor der Stilllegung zog Rother 1985 nach Zollverein. Prof. Dr. Karl Ganser: „Sie waren schon lange vor der IBA da und haben Saatkörner gestreut, ohne die die IBA nicht gedeihen hätte können.“ Auszeichnungen für literarische und bildnerische Arbeit, zuletzt „Ehrenpreis des Ministerpräsidenten des Landes Brandenburg“ 2017 für das Lebenswerk.
[www.zollverein.de/angebote/kunstschacht-zollverein-thomas-rother Stichworte: Thomas Rother, Kunstschacht]

Alfred stand plötzlich in seinem mausgrauen Arbeitskittel in der Tür. Die zwölf Meter hohen Innenwände des Maschinenhauses von Schacht 1/2/8 des Bergwerkes Zollverein mit dem Wasserstrahl eines C-Rohres von Ruß und Dreck zu befreien, war eine Mordsmaloche. Pausemachen! hatte ich mir befohlen und öffnete die Tür. Da stand dieser mittelgroße Mann mit grauen Stoppelhaaren vor mir, lächelte freundlich und sagte: „Glück auf! Kann ich Ihnen helfen?" Frühjahr 1990, der Beginn einer langen ungewöhnlichen Freundschaft.

Wie sie begonnen hatte, ging sie nach vierzehn Jahren zu Ende: Alfred erschien plötzlich nicht mehr. Wenige Wochen später kamen einige jener Kinder, die er, wie alle Kinder, mochte und die gebannt zugehört hatten, wenn Alfred ihnen „etwas von früher" erzählte. Wenn die von ihm sprachen, sagten sie immer: „Alfred". Nun sagte einer leise: „Herr Wendt ist tot."

„Ein Urgestein des Ruhrgebietes!" glaubten die, die ihn kannten, Alfred beschreiben zu müssen.

Kein Winkel in Essen-Katernberg war ihm fremd, gerade in seiner Siedlung an der Stadtgrenze nach Gelsenkirchen. Zollverein war „seine" Zeche, es war, als spräche er von einer großen Liebe. Zwar hatte er manchen Wortwechsel, auch politischen, mit dem zuständigen Obersteiger ausfechten müssen, doch auf Zollverein ließ er nichts kommen. Er schwärmte von den sauber geharkten Wegen „damals" auf dem Bergwerksgelände, von den gepflegten Rasenstücken, die zu betreten ebenso eine Geldstrafe nach sich zog wie ein Verstoß gegen die Helmpflicht.

Enttäuscht schüttelte er den Kopf, wenn nach der Stilllegung vor dem Doppelbock von Schacht 12 auf der großen Rasenfläche des Ehrenhofes Kirmestrubel stattfand. Alfred Wendts Erklärung: „Einmal Zollvereiner, immer

Zollvereiner!“ Da fühlte er wie viele Bergleute anderer Schachtanlagen in anderen Städten auch.

„Du musst in den Halden-Bunker gehen!“, forderte mich Alfred eines Tages auf. Auch russische Kriegsgefangene und Zwangsarbeiter hätten dort malochen müssen.

Am Rande des Weltkulturerbes ein zwanzig Meter hoher Hügel. Robinien, Scheinakazien, einige Birken – unberührter Wald für Bunt- und Grünspechte, für Bussardpärchen, Iltisse, einen Fuchsbau soll es auch geben. Die älteste Halde des Ruhrgebietes, Abraum, der aufgeschüttet worden ist, als in den 50er Jahren des 19. Jahrhunderts Zollverein begonnen hatte.

Hinter Brombeerbüschen versteckt ist heute nur noch einer der drei Eingänge zu diesem Stück deutscher Kriegs-Geschichte zu ahnen. Vergittert, dann aufgebrochen, erneut vergittert. Ein Schutzstollen bei Bombenangriffen ist dieser Haldenbunker gewesen für Bergleute und deren Familien, die in der Nähe der Zeche wohnten. Kumpel haben ihn in die Halde getrieben. Sowjetischen Kriegsgefangenen und Zwangsarbeitern, die dabei mitschuften mussten, blieb dieser Schutz verwehrt, sie durften ihn nicht nutzen.

Für die Ausstellung „OST – Gefangen und gezwungen – Zwangsarbeit für Deutschland“ wurden der Verein „Kunstschacht Katernberg“ und ich mit den Preis der evangelischen Kirche ausgezeichnet. 1944 werden für Zollverein 2126 sowjetische Kriegsgefangene und 221 OST-Arbeiter aufgelistet. Die Zahl der Kriegsgefangenen im gesamten Ruhrbergbau wird mit 82 318 angegeben, Zwangsarbeiter mit 30 316.

Bei der Feierstunde dazu stand Alfred im grauen Kittel an der Tür. Es hätte ja jemand den Weg zu den Außentoiletten nicht finden können, den müsste er doch zeigen. Dabei hatte doch er den Anstoß zu dieser Ausstellung gegeben. Für Putzen, Fegen, Wartung der Sanitäranlagen lehnte er normalen Lohn ab, ein kleiner Obolus genügte ihm. „Spare dein Geld für neue Fensterscheiben!“, war sein Rat.

Alfred Wendt war einer von den Bergleuten, die in die Anpassung gegangen sind. Er machte 1979 von der Regelung Gebrauch, nach dreißig Jahren Bergbau in die Vorverrentung zu gehen. Nach einiger Zeit meinte Wilhelmine, seine Frau, Gartenarbeit schön und gut, aber das reiche nicht für einen so aktiven Menschen. Da ging Alfred, der von der Zeche abgekehrt war, wieder auf Zeche. Wo kleine Handreichungen oder Anstrengungen gebraucht und gewünscht wurden, half er. Die Liste der Gegenstände, die er für die Sammlung des Kunstschachtes ranschaffte, ist lang. Eines der besonderen Stücke ist ein beleuchteter Schaukasten eines Bergwerkes, der in den Schutt geworfen werden sollte. Heute stehen Schulklassen und Besucher von Berlin oder Hamburg staunend davor. Wenn mehr als vier Menschen zusammen waren, war er wortkarg. In kleinerer Runde erzählte er viel von früher, vor allem den Kindern, die ihn regelrecht löcherten. Warum wären Hämmer und Schüppen kaputt? Die seien nicht kaputt, die Löcher wären dafür da, dass der Bergmann seine Werkzeuge, Gezähe, an einen Nagel am Stempel aufhängen könne. Er könne sie doch einfach hinlegen oder hinstellen? Unter Tage müsse Ordnung sein, sonst stolpere der Bergmann über seine eigenen Sachen. Alfred wurde nicht müde, das Ruhrgebiet zu erklären.

Manchmal kam Politik ins Spiel. Bei Wahlkämpfen hatten die Schwarzen immer rechts neben dem Kater-Brunnen des Katernberger Marktes ihren Stand. Links war der Platz der Roten. Wie es sich gehört. Dass für die Schwarzen der Posaunenchor vom Bergmannsdom, wie die evangelische Kirche am Markt fälschlich doch liebevoll genannt wird, aufgespielt hätte, habe ihn gefuchst, bekannte Alfred

– und schmiedete einen Plan: Bei der nächsten Gelegenheit, als der Posaunenchor gerade eine fromme Weise intonierte, bog aus der Viktoriastraße die Schalmeienkapelle der Linken auf den Platz und quäkte „Brüder zur Sonne, zur Freiheit". Trotz der unterschiedlichen Ansichten und Musiken einte am Ende Schwarze und Rote doch wieder der Bergbau. Schalmeien und Posaunen intonierten gemeinsam „Glück auf, der Steiger kommt".

Doch manchmal war es auch faustdick. An einem 1. Mai flatterte auf Schacht 1 Zollverein die rote Fahne. „Das war der Wendt!", wetterten die Zechenoberen. „Das war Alfred", meinten Kumpels, einige lachend.

Alfreds Pütt war Schacht 3/7/10, Stadtgrenze Gelsenkirchen, wo heute das „Erfahrungsfeld der Sinne" Besucher von nah und fern anzieht. Für eine besondere Aufgabe in einem gefährlichen Bereich forderten die dort arbeitenden Bergleute eine geringe Gefahrenzulage. Sie wurde nicht gewährt. Alfred griff zu einer deftigen List. Er klingelte beim zuständigen Obersteiger. Dessen Frau öffnete die Tür und rief: „Vatta, Vatta, komma …" Alfred hatte seine vier Kinder in den Flur geschoben: „Die Kinder hungern." Steiger: „Das können Sie Ihrer Omma erzählen. Das wird ein Nachspiel haben." Hatte es. Man einigte sich. „Jau", sagte Alfred rückblickend, „an sich haben wir uns gut verstanden. Im Bergbau darf es keine Feindschaft geben."

Alfred ein Schlitzohr? Ein Schelm gewiss. Ein „Urgestein des Reviers"? Er ist 1928 im Landkreis Rostock (Mecklenburg-Vorpommern) in Hohen Demzin geboren, aufgewachsen in Ziddorf nahe Burg Schlitz. Anfang des 19. Jahrhunderts, erzählte Alfred, hätte der König seinen Untertan Graf Schlitz übers Ohr hauen wollen mit Ausnutzung eines Gesetzes: Wer 100 Güter besaß, musste für Preußen ein Regiment Soldaten zur Verfügung stellen. Der Graf besaß

99 Güter. Gönnerhaft schenkte der König dem Grafen das 100. Landgut. Denkste! Schlitz dankte und sagte süffisant, er habe gerade zwei Güter verkaufen müssen. Der König war gelackmeiert: keine Soldaten. Der Graf Vater des Begriffes Schlitzohr? Hat das auf Alfred abgefärbt?

Vater: Kleinbauer. Mutter: Wegen ihrer Hilfsbereitschaft überall geschätzt – gerade auf Burg Schlitz. Sohn Alfred hat sie lebenslang nachgeahmt. Ende des Krieges 1944/45 diente die Burg heimatlos gewordenen Menschen als Notunterkunft. Registriert waren 46 Familien, unter ihnen auch eine der weit verzweigten Grafen von Schwerin. Am Ende jedoch lebten dort unter chaotischen hygienischen Verhältnissen über 200 Menschen. Die Rote Armee besetzte die Burg. Die Geflüchteten flohen erneut. Was geschieht mit den jungen Mädchen? Wo ist die Grafentochter sicher? Alfred übernahm das Risiko, sie in Richtung Lübeck zu bringen, wo amerikanische Truppen stationiert waren. Er „organisierte" für sich eine sowjetische Uniformjacke mit Mütze. So getarnt passierte er mit Pferd und Wagen, in dem das Mädchen versteckt lag, die sowjetischen Militärkontrollen.

Ein Jahr später machte auch er sich auf den Weg, ohne Pferd und Wagen: von Mecklenburg-Vorpommern nach Essen-Kray. Eine Familie, deren Mutter mit Mutter Wendt bekannt gewesen war, nahm ihn auf. 1947 fand der achtzehnjährige Bauernsohn aus Meck-Pomm auf Zollverein Arbeit. Nach 32 Jahren war für den Zollverein-Hauer Schicht im Schacht, er ging er in die Anpassung.

Dieses „Urgestein des Ruhrgebietes" war einer „von drüben", einer „aus der kalten Heimat mit 100 Morgen Wind hinterm Haus", wie damals gespöttelt worden ist, einer, der sagte, er habe nicht nur eine Heimat, er hätte zwei. Beide liebe er. Als Schelm nahm er sich selbst auf den Arm: „Im

Winter ist der Pommer noch dümmer als im Sommer“, fügte aber lächelnd hinzu: „Kommst du mal nach Bottrop, kriegst was mit dem Knüppel drop.“

Bei einem Fest der Betriebsräte der Ruhrkohle in den 1990er Jahren hat mich der damalige RAG-Vorstandsvorsitzende Dr. Heinz Horn „als Bewahrer des alten Maschinenhauses“, heute Kunstschacht, mit diesen Worten verpflichtet: „Fühlen Sie sich als Treuhänder der Kohle. Bewahren Sie hier unsere Geschichte – mit allem, was dazugehört.“ Dazu? Menschen – Alfred und alle anderen Alfreds und alle anderen Wilhelminen.

Kurt Wohlgemuth, einer der rührigen Fotodokumentaristen des Ruhrgebietes, den ich in meinem Seminar „Ortserkundung Ruhrgebiet“ der Uni Essen Studenten vorgestellt habe, hat mir eine Widmung geschenkt. In seinem Buch „Kinder im Ruhrgebiet“ schrieb er: „Für Thomas Rother, der auch ein Kind des Ruhrgebietes geworden ist.“ Also noch einer aus der kalten Heimat. Ohne die, denen eine zweite Heimat zugewachsen ist, wäre das Ruhrgebiet nicht geworden, was es ist – und was es immer noch wird.

Ilse Straeter. 1947 geboren in Bottrop. 1966 bis 1970 Grafik-Design-Studium an der Folkwangschule Essen. 1970 bis 1987 Grafikdesignerin in einer Agentur. 1987/88 als Malerin in Westeuropa unterwegs. 1988 bis 1990 Tätigkeit als Grafikerin. 1990 bis 1993 kunstpädagogische Projekte. Seitdem freischaffende Künstlerin und Kursleiterin mit den Schwerpunkten Aquarell und Kalligraphie, Mitglied in der ARKA-Kulturwerkstatt auf Zollverein, der Ateliergemeinschaft 61a und im Werkkreis bildender Künstler (WBK) Essen. Lebt und arbeitet in Essen.

Ilse Straeter
Kunst am Radweg

**Philip Stratmann** lebt jung in Bochum

## RUHR Stapler

I Love Ruhrgebiet.
Früher Koks. Heute Speed.
Team – work – capital.
Alles ist drin in Marl.

Für Gladbeck mein Herz.
Unna, einfach liebenswert.
Hamm ist elephantastisch
und Dortmund überrascht. Dich.

Mitten
in Witten.
So ländlich,
man kennt sich.

Hattingen hat’s.
Gladbeck hat es.
Oberhausen hat goldenen Boden.
Bottrop ist die Stadt der Rosen

und familienfreundliche Kulturstadt.
Essen. Die Einkaufsstadt
mit Herz ist Schwerte.
Waltrop. Stadt der Schiffshebewerke.

Lebendiges Hagen.
Today. Tomorrow. Lünen.
Lebendige Stadt an der Lippe.
Schwerte, Wesel: Hansestädte.

Oer-Erkenschwick.
Grün und lebendig.
Schwerte. Hier lebe ich gern
in Herne.

Bottrop überraschend
anders, von hier aus Bochum,
ein starkes Stück Deutschland
macht jung.

Mülheim an der Ruhr. Grüne Stadt
am Fluss. Duisburg im Herzen Europas.
Doch Europastadt
im Grünen ist Castrop.

Gelsenkirchen. Herz im Revier
voll Kraft und Zauber
an der
Ruhr.

Ruhr$^{N}$ – Ruhr$^{R}$
Recklinghausen attraktiver.

**Udo Feist**
**Familie, Tempel, Liebe – Dortmund. Ein Tiefflug**

Udo Feist, Journalist, Dortmund – kam an, kurz bevor Kennedy ging (John F.).

Wenn der Ansager-Karlsson an einem Spieltag in Dortmund mal wieder zum Stadiondach hochknattert, von dessen Unterträgern herab die Tauben das Grün stets treffsicher verfehlen, und mit sich überschlagender Stimme von den besten Fans der Welt schwadroniert, kann man das amüsant finden oder nur lächerlich, ernst nehmen kann man es jedenfalls nicht. Nicht bloß, weil Fußballfans überall die weltbesten sind – und zugleich total bescheuert. Sie sind immerhin zu einem Event verabredet, bei dem in einer einigermaßen komplexen, also uneindeutigen Welt Zigtausende auf Kommando ein plattes Schwarzweiß-Szenario zelebrieren und flugs auf der richtigen Seite stehen.

Sei's drum, Ungerechtigkeitsphantasien lassen sich so offenbar prima kollektiv organisieren, und das anderthalbstündige Aufregen mit klarer Wir-und-die-andern-Aufteilung tut scheinbar gut.

Es regt mich allerdings furchtbar auf, wenn man das dann ideologisch, ja, sogar pseudoreligiös überhöht. Und genau das tun sie in Dortmund, angefangen beim Geschwurbel um die „BVB-Familie". Sind da alle verwandt? Onkel Rauball und Opa Watzke, Schwippschwager Reus oder wie? Ist das Kundenbindung oder der schwarzgelbe Beitrag zum aktuellen Wertegefasel, in dem das Beschwören der Familie regelmäßig nicht fehlen darf?

Von der „BVB-Familie" jedenfalls kann man in Vereinsmeldungen lesen, in der Dreifaltigkeitskirche am Borsigplatz bei Gottesdiensten zu Saisonbeginn und vor Finalspielen hören, und in besoffenen Fußball-Gesprächen kommt sie auch vor, sofern es die Ausdrucksfähigkeit noch zulässt. Doch schaue man sich bitte einmal an, was Familie im Anwendungsfall bedeutet, etwa nach einem abendlichen Champions-League-Spiel: Wer von sich denkt, ein echter Kerl oder taffes Mädchen zu sein, fahre dazu nach

Abpfiff bloß mal mit dem Fahrrad durch die Kolonnen der abreisenden PKW. Was sie dabei erleben, ist Abenteuer und wurde zu Zeiten des Films „Deer Hunter“ noch brav Russisches Roulette genannt. Da wird gehupt und draufgehalten, durchgezogen, geschnitten, gepöbelt, gejohlt und gedroht, was das Zeug hält. Ist schließlich nur ein knautschzonenfreies und somit schwächeres Fahrrad, also Opfer, egal, ob da vielleicht sogar passendes Trikot oder Schal darauf sitzen. Ein Schiedsrichter ist jedenfalls in diesem abendlichen Nachspiel-Moraldunkel nicht in Sicht, also wird fett friendly fire gegeben, so es denn überhaupt schwarzgelbe Radler sind. Sieht ja keiner! Das ist tumbe Anarchie der Durchgeknallten. Foulmotto: Die ballern wir weg, Hauptsache auf die Knochen gehen!

Und die Autofahrer untereinander gehen das ganz ähnlich an und schinden jeden dämlichen Zentimeter mit fieser Beulendrohung, hinterfotzigem Drängeln und sich komplett Doofstellen. Wollen halt alle schnell wieder nach Bad Sassendorf, Gütersloh, Lüdenscheid oder bloß nach Dortmund-Brackel. Und stinken tut es sowieso.

Das ist sie also, die „BVB-Familie“. Hohle Käsefußfiktion! Verwandt möchte mit denen wohl keiner sein. Von den Stadiondach-Tauben sei darum munter drauf geschissen! Der Flatter-Karlsson hab sie dafür selig.

Wie erhebend das Fußballerlebnis vor dieser Offene-Hosen-Parade jeweils auch gewesen sein mag, Läuterung oder zumindest kurzfristigen Hang zu sittsamem Benehmen hat es definitiv nicht bewirkt. Und dabei reden sie in Dortmund beim und über den Gang ins Stadion längst schon ganz selbstverständlich vom Besuch im „Tempel“, also in einer Kult- und Gottesdienststätte, welcher Konfession und Couleur auch immer (diffus schwarzgelb, doch was heißt das schon?).

Sogar die ansässige Polizei hat sich in bemüht publikumsgängiger Ansprache angewöhnt, mit diesem Wort zu „tweeten“ (tja, heutzutage ist nicht nur Trump, sondern auch die Bullerei bei Twitter): „Der Tempel ist nun voll“ und „Alle im Tempel“ heißt es dann etwa, unmittelbar bevor die Veranstaltung mit Karlsson und den Tauben losgeht. Hallo? Polizei bei Twitter? Ist das nicht datenrechtlich heikel? Doch das lassen wir hier mal außen vor und betrachten sie bloß als Mitbürger in Uniform, die bloß ehrlich zeigen wollen, dass auch ihr Herz schwarzgelbe Fäden hat. Gut, meinetwegen, aber Tempel? Wo bleibt da die Trennung von Staat und Religion? Nicht so gemeint, darf man nicht wörtlich nehmen, bloß ein Bild? Kann sein, ist eh inhaltsarmes Gelaber. Doch die Dummheit dahinter ärgert einen schon, zumal auch Vertreter der Großkirchen in der Stadt verbal gern in diese Richtung gehen. Da ist es wohl kein Wunder, dass deren eigene Hütten überwiegend leer stehen und sich viele derer, die nicht vom „Tempel“ fabulieren, dann vornehmen, auch nie wieder einen Fuß dort hineinzusetzen.

Das klingt alles nüchtern, steril, analytisch trocken, geradezu herzlos. Ja, haben denn diese Kritteler gar keine Leidenschaft, nicht mal die Fähigkeit zum Sprung hinein ins unreflektiert Rohe grölender Begeisterung? Sind sie vielleicht gar tot? Wir, schallt es denen dann aus dem Chor der unrettbar Verblödeten entgegen, ja wir, wir haben „Echte Liebe“. So lautet denn auch der Slogan, den deren Verein ihnen seit Jahren vorgibt. Ein Verein übrigens, das muss man dazusagen, der seit fast zwei Jahrzehnten börsennotiert ist, also quasi Experte für tiefe Gefühle ist, emotionale Authentizität und eben Echtheit. Als Markennamen eintragen lassen können hat er die „Echte Liebe“ zwar noch nicht, dafür gibt es wohl zu viele, die dieses Großemotikon für sich reklamieren. Doch seien wir mal ehrlich, das sind doch alles Lügner. Welcher echte Liebhaber kann schon für sich beanspruchen, mehr als 500 Millionen Euro Jahresumsatz zu machen, Trikots zur je anstehenden Saison für 90 Euro das Stück zu verscherbeln, vom Rest des sog. Marketings mal ganz zu schweigen? Und die Leute kaufen es ihnen ab! Das muss „Echte Liebe“ sein, oder? Auf der Südtribüne stehen sie zu 25 000 und schreien sich die Seele aus dem Leib – wer hat das schon? Okay, vielleicht annähernd die geschmähten Blauen aus Gelsenkirchen.

Aber unterm Strich? Da ist es erst mal nur ärgerlich, dass „Echte Liebe“ nicht geschützter Name, sondern bloß „Markenauftritt“ der Truppe von Karlsson und den Stadiontauben ist – entwickelt übrigens von einer Agentur aus dem Rheinland, zu deren Kundenstamm neben dem BVB auch Eon, Nestlé, BASF, Evonik und Henkel (die mit dem Waschpulver) zählen. Und, so viel Historie muss sein, das „Echte Liebe“-Motto destillierten diese Düsseldorfer aus dem BVB-„Markenkern“ und dessen „Markenkernkompetenzen“ – Echtheit, Bindungskraft, Ambition. Zu deutsch: Beim BVB regen sich eben alle so schön haltlos auf, sobald schwarzgelbe Trikots auf jenem Rasen flitzen, den Karlssons Tauben mit ihrem Dünger stets verfehlen.

Okay. Genug Dampf abgelassen. Doch diese Ausprägung von klischeehaftem, dämlichem Geseiere um die „Fußballleidenschaftszentralregion Ruhrgebiet“ tut einfach weh, weil sie blöd ist und die Schafe strunzdumm hinterhergrasen, ohne zu bemerken, dass es lediglich um ihre Wolle und deren Verscherbeln geht. Erst recht, wenn sogar Dortmunds OB nicht müde wird, bei jedem – sofern jedenfalls pressebegeleiteten – Klogang von schwarzgelb, Familie, Echter Liebe und sonst was herumzuposaunen. Weil das ankommt, wird er meinen – wobei es doch nur peinlich ist. Dahinter steckt vermutlich jenes Provinz-Gen, das so manchem im Revier mitunter die Verdauung verhagelt, weil er die Minderwertigkeitsgefühle nicht halten kann, trotz der wunderbaren Erlebnisse und Ereignisse hier. Dabei ist Provinzialität doch bloß die Tatsache, nicht Hauptstadt zu sein. Ganz ehrlich: Berlin – wer will das schon? Kann man mal hinfahren, zum Pokalfinale oder um liebe Verwandte zu besuchen. Aber was wäre die Hauptstadt ohne uns?

Und was Liebe, Tempel und Familie angeht, ist es wohl an der Zeit, mal endlich Klartext zu reden: Weltbester Fan ist man wegen der immer danebenkackenden Tauben, Dünger kriegt der Rasen auch so. Was der Verein da gerade daraus macht, ist so austauschbar wie nur irgendwas in dieser Welt, in der derzeit scheinbar nur das Verkaufen zählt. Deren „Echte Liebe" ist knallhartes Geschäft. Also steht dazu, zahlt euch weiter horrende Gehälter und haltet einfach die Markenkern-Fresse! Andernfalls: Gleiches Gehalt für Aki Watzke, den dauerverletzten Reus, all die „Stewards" und den Platzwart – oder wie ernst ist es euch um die Echte Liebe? Spielt einfach, rennt, lasst die hochnäsig gescholtenen Brause-Vereine in Ruhe. Besiegt sie auf dem Platz, und wenn nicht, bitte kein Jammern. Anders ist es bloß zum Kotzen. Provinz-Gefurze, das vielleicht ihr mit eurer Umsatzfixierung nötig habt, wir aber jedenfalls nicht.

(Der Autor sieht sich seit der Saison 2017/18 keine BVB-Spiele mehr an, weder im Stadion noch in der wunderbaren Kneipe „Zur Sonne" in der Roseggerstraße. Er regt sich zu sehr auf – und das verträgt sich nicht mit dem Herzinfarkt, den er in der vorigen Saison erlitten hat. Denn dass dann die ganze Kneipe ein finales „You'll Never Walk Alone" anstimmt, will ja kein Mensch. Stattdessen hält er sich an den Ergebnisdienst, eine Fernbeziehung, die lebbar ist. Liebe, Familie und Anbetung finden ohnehin woanders statt. Insofern: Ein Hoch auf die Stadiontauben!)

# Einhard Schmidt-Kallert
# 1968 im Ruhrgebiet

Einhard Schmidt-Kallert, Jahrgang 1949. Sozialgeograph und Raumplaner; kam vor 50 Jahren zum Studieren ins Ruhrgebiet, war zwischendurch Entwicklungshelfer in Südostasien, Gastdozent in Ghana und mit unterschiedlichen Aufgaben in Auslandseinsätzen in Afrika, Asien und Lateinamerika. Kehrt jedes Mal gerne ins Ruhrgebiet zurück. Zahlreiche wissenschaftliche und journalistische Veröffentlichungen, u. a. Reisereportagen.

Dass die Menschen im Ruhrgebiet praktische Ideen haben und ziemlich patent sind, das wusste Erich schon seit seiner Kindheit in einer rheinischen Großstadt in den 50er Jahren. Die Familie war gerade aus Norddeutschland zugezogen, nach langer Wartezeit hatten die Eltern eine rasch wiederaufgebaute Dreizimmerwohnung in der immer noch kriegszerstörten Stadt ergattert. Die Mieter durften schon einziehen, als das Treppenhaus erst im Rohbau fertig war. An den Decken baumelten einfache Lampenfassungen von den Lüsterklingen. Alles nicht weiter schlimm, wären nur die Gasanschlüsse schon fertig gewesen. Wie sollte Erichs Mutter ohne Gas für zwei Kleinkinder kochen?

Auf eine praktische Lösung kam Minna Beckmann, eine Bergmannswitwe aus Wanne-Eickel. Minna verlor nicht viele Worte. Sie holte einfach zwei Ziegelsteine von der Baustelle, bat Erichs Mutter um ihr Bügeleisen. Das drehte sie dann um, klemmte den Griff zwischen die Steine, steckte den Stecker in die Steckdose, stellte eine Bratpfanne auf die nun oben liegende Unterseite des Bügeleisens – und machte sich daran, Speckpfannkuchen für die Familie zu braten. Erich konnte sich später nicht daran erinnern, jemals wieder so gute Pfannkuchen gegessen zu haben.

Erich kam auf die Volksschule, später aufs Gymnasium in dieser bürgerlichen, rheinischen Stadt mit sicherer CDU-Mehrheit. Dr. J. sei ein guter, ein engagierter Lehrer, großartig, wie er die Theatergruppe an der Schule aufgezogen habe. So redeten die Eltern untereinander, und etwas leiser tuschelten sie dann: Aber man müsse schon aufpassen, mit seiner Untersekunda habe dieser Dr. J. ein Stück von Brecht gelesen, politisch stehe Dr. J. mindestens der Sozialdemokratie nahe, vielleicht habe er sogar Kontakte zu den Machthabern in der Zone …

Mitte der 60er Jahre kam Herr Q., ein amerikanischer Austauschlehrer, an Erichs Gymnasium. Über fast alles wolle er gerne mit den Schülern diskutieren, erklärte er, aber bitte kein Wort über den Vietnamkrieg. Er selbst sei in Korea gewesen, nun Vietnam, wieder so ein schmutziger Krieg in Asien, vollkommen überflüssig. Das müsse reichen. Doch das reichte Erichs 16-jährigen Mitschülern nicht. Sie bohrten weiter, versuchten Herrn Q. zu überzeugen, dass in Vietnam schließlich die Freiheit des Westens, die Freiheit Berlins, verteidigt werde. Aber Herr Q. sagte kein weiteres Wort zum Vietnamkrieg.

Seit dieser Zeit gönnte sich Erich kleine Fluchten. Nur weg aus dieser linksrheinischen Stadt. Er machte es sich zur Gewohnheit, an freien Nachmittagen mit dem Rad auf die andere Rheinseite zu fahren und das Ruhrgebiet zu erkunden. Kilometerlang an eingezäunten Stahlwerken entlang, da, wo sich der Himmel von den Abgaswolken rot färbte, zu den Fördertürmen, den Kokereien mit den weißen und schwarzen Rauchschwaden, auch zu den Bergarbeiterkolonien, an den Kanal, immer weiter, nur hin und wieder unterbrochen durch einen Zwangshalt an der Schranke einer Werksbahn, bis lange Kohlezüge mit fünfzig oder mehr Waggons vorbeigerattert waren.

Erich sprach auf seinen Nachmittagsausflügen fast nie mit den Arbeitern, die er an den Werkstoren beobachtete, oder mit den Frauen und Rentnern in den Kolonien. Aber was er sah, war anders als die bürgerliche Stadt am Niederrhein. Das Wenige, was er wusste, was er sich angelesen hatte über Arbeit am Hochofen oder unter Tage, zur Geschichte der Arbeiterbewegung, über Streiks und über sozialdemokratische und sozialistische Politik, versuchte er in diesen Bildern unterzubringen.

Als Erich 1967 das Abitur hatte, verließ er die ungeliebte Stadt seiner Schulzeit und schrieb sich an der neugegründeten Ruhr-Universität in Bochum ein. An dieser ersten Universität im Ruhrgebiet, seit Kaiser Wilhelm verboten hatte, im Kohlerevier mit seinen sozialistischen Umtrieben Kasernen oder Universitäten zu errichten. Dreizehn Blocks für Forschung und Lehre, die größte Baustelle Europas. Nach dem Willen ihrer Planer sollte hier die erste Universität entstehen, die das Humboldt'sche Bildungsideal zu Ende dachte: Von Theologie über Geisteswissenschaften, Mineralogie, Medizin, Maschinenbau und Elektrotechnik sollten wirklich alle Wissenschaften auf dem Ruhr-Campus vertreten sein.

Zunächst war die Universität vor allem Baustelle. Neuberufene Professoren aller Disziplinen richteten sich in provisorischen Büros ein und hielten Vorlesungen in den wenigen fertiggestellten Hörsälen. Der Weg zur Mensa verlief zwischen Bauzäunen. Dahinter hoben Riesenkräne Betonelement auf Betonelement, bis alle Institutsbauten, einer stolzen Flotte von Ozeanriesen gleich, im Rohbau standen.

Erich besuchte unterschiedliche Vorlesungen und Seminare. An der Hamburger Universität hatten Studenten gereimt: „Unter den Talaren Muff von 1000 Jahren!" Galt das auch für Bochum, eine neue Universität im proletarischen Ruhrgebiet? In Berlin und Frankfurt entwickelten die ideologischen Vordenker des SDS die politischen Forderungen der neuen Studentenbewegung. Eine andere, demokratische Universität. Solidarität mit Vietnam. Solidarität mit den unterdrückten Völkern. Statt Parlamentarismus direkte Demokratie. Was kam davon an im Ruhrgebiet?

Erich ging das erste Mal im Leben zu Demonstrationen. Gegen den schmutzigen Krieg der USA in Vietnam. Er fühlte sich gut, in geradezu euphorischer Stimmung, als er in Siebenerreihen, bei anderen Studentinnen und Studenten untergehakt, schlichte Parolen rufend, durch die Wohnviertel der Bochumer Innenstadt lief. Die Straße gehörte nicht mehr wie sonst immer den Autos, und dies war weder ein Martins- noch ein Karnevalszug! Für Erich war es ein neues, ja ein berauschendes Gefühl, die Stadt von der Straßenmitte aus zu erleben. Ein anderer Blick auf die Häuser. Aber Erich sah auch, dass die meisten Anwohner die Fenster schlossen. Genauso wie in Berlin, wenn dort der SDS zu Demos aufrief.

Beim nächsten Mal setzen sich die Studenten auf die Straßenbahnschienen, Erich war dabei. Und alle schrien lauthals: „Der Stadtrat muss die Fahrpreiserhöhungen zurücknehmen!" Das ließ sich weniger gut skandieren als „Ho-Ho-Ho-Chi-Minh!" – aber war doch näher an der Realität der Menschen im Ruhrgebiet. Dachte Erich. Doch auch diesmal schlossen die Anwohner ihre Fenster.

In der Universität ging Erich nicht nur in seine Vorlesungen. Fast jeden Abend lud irgendeine Gruppe zu einer Diskussionsveranstaltung ein. Zur Hochschulreform, zu Vietnam, zur Lage zwischen Palästina und Israel. Manche waren als „Teach-in" plakatiert, andere hießen „Vollversammlung" – im Vorgriff auf die rätedemokratische Neuorganisation der Hochschule –, andere waren Podiumsdiskussionen, auf denen unterschiedliche Positionen und Auffassungen zu Wort kamen.

„Der nächste auf der Rednerliste ist Herr K.", kündigte der Versammlungsleiter an, und kerzengerade und mit stolz erhobenem Haupt trat Professor K., Sozialhistoriker seines Zeichens, der gerade dabei war, ein Buch über die Geschichte der Bergarbeiterbewegung zu veröffentlichen, ans Podium und begann seine Ausführungen mit diesen

Worten: „Wenn mir hier im Zuge der revolutionären Umtriebe bereits der Professorentitel aberkannt worden ist, so möchte ich doch darauf hinweisen, dass ich noch einen Doktortitel trage …“ Der Rest seiner Ausführungen ging in Buhrufen und im vierhundertfachen Füße-Scharren der Zuhörer unter.

Anders Professor B., gerade gewählter Rektor der Ruhr-Universität (und zudem der jüngste Hochschullehrer, der je eine deutsche Universität geleitet hatte). Ohne Berührungsängste und mit sichtlichem Vergnügen nahm er auf einem Podium mit Vertretern des SDS, der Humanistischen Union und Sozialdemokraten zur Hochschulreform Platz. Für Reformen der universitären Strukturen sei er sehr wohl zu haben, nicht aber für Drittelparität oder gar ein sogenanntes basisdemokratisches Rätemodell. Und geschickt flocht er in seine Argumentation ein, dass er sogenannte kleine Verhältnisse, das Arbeitermilieu, aus eigener biographischer Erfahrung kenne, vielleicht besser als viele andere Redner und Zuhörer im Saal. „Heißt es nicht, er steht der CDU nahe?“, flüsterte Silke dem neben ihr sitzenden Erich zu. Der zuckte nur mit den Schultern.

Noch im selben Winter organisierte der SDS im größten Hörsaal der Uni ein Teach-in mit dem bekanntesten Ideologen der Studentenbewegung: mit Rudi Dutschke. Fast zwei Stunden mussten Erich und all die anderen auf die Ankunft des Hauptredners des Abends warten. Der hatte in Berlin seinen Flug verpasst, weil er seinen Personalausweis zu Hause vergessen hatte. Einige Berliner aus Dutschkes Entourage waren schon da, sie waren mit dem Auto vorgefahren. Nun bemühten sie sich redlich, die Lücke zu füllen. Man wolle von den Genossen im Ruhrgebiet lernen. Unter den Bedingungen der Frontstadt seien die Arbeiter in

Berlin ganz besonders im falschen Bewusstsein befangen. Man wolle lernen von den lebendigen Traditionen der Arbeiterbewegung im Ruhrgebiet. Möglichst, um eine Einheitsfront von Studenten und Arbeitern aufzubauen. Das klang nicht schlecht, die Diskussion kam einigermaßen in Gang, aber eigentlich waren alle gekommen, um Rudi Dutschke zu hören.

Endlich tauchte er auf, sprang mit einem Satz aufs Podium und legte los. Ohne Umschweife. Er sprach über alles, was seine Zuhörer von ihm erwarteten: über den Spätkapitalismus, über die Entwicklung der Produktivkräfte, die bald zu einer Überproduktionskrise führen würde, die aber später auch die Voraussetzung für neue Freiheiten in der nachrevolutionären Gesellschaft böte.

Als einer der Zuhörer fragte, ob er, Dutschke, Deutschland in einer revolutionären Situation sehe, auch, ob er Gewalt befürworte (gewiss, Gewalt als Gegengewalt gegen die repressiven Herrschaftsverhältnisse verstanden, beeilte sich der Fragesteller zu ergänzen) – da gab der berühmte Gast aus Berlin eine minutenlange Antwort, er sprach über den bevorstehenden Vietnam-Kongress, den der SDS gerade organisierte, und über Lateinamerika: „Wenn ich in Lateinamerika wäre, würde ich mich dem bewaffneten Kampf anschließen …"

Dutschke sprach eindringlich, manchmal emphatisch, aber zugleich in dieser monotonen Intonation, die Erich schon aus kurzen Rundfunk-Interviews kannte. Erich bewunderte, wie Dutschke es schaffte, seine komplizierten Satzkonstruktionen, Sätze, die oft erst nach drei Nebensätzen endeten, unfallfrei zu Ende zu bringen.

Als Erich nach diesem Abend wieder in seiner Studentenbude war, wusste er nicht mehr, was er eigentlich mitgenommen hatte. War die Bundesrepublik nun in einer revolutionären Situation oder nicht? War Gewalt vertretbar oder nicht? Erich war sich immer noch nicht sicher. Er hatte neue Verben kennengelernt, „verunmöglichen", „perpetuieren" und immer wieder „manipulieren". Rudi hatte die Dinge auf den Begriff gebracht, aber über welches Land, über welche Stadt hatte er eigentlich geredet? Über Berlin, über Westdeutschland? Über das Ruhrgebiet wohl eher nicht. Erich wusste es einfach nicht.

An den Abenden, an denen kein Teach-in angekündigt war, ging Erich gerne in eine der beiden Eckkneipen, die am Rande der Bergarbeitersiedlung gleich neben der Ruhr-Universität übrig geblieben waren. Da standen sie dann alle an der Theke oder an den Stehtischen, die erste Generation von Ruhr-Studenten, die Uni-Assistenten, die gerade aus Freiburg oder Münster zugezogen waren, und die übrig gebliebenen Bergleute aus der Kolonie.

Bald war das Uni-Publikum in der Mehrheit, so dass Herr Hülshäger, der Wirt, seine Kneipe in Uni-Klause umbenannte. Herr Hülshäger schimpfte, dass das Bier im Ruhrgebiet immer noch 45 Pfennig kostete, das gebe es sonst in ganz Deutschland nicht mehr, aber die Macht der Brauereien. Die nähmen den Wirten, was ihnen rechtmäßig zustehe. Wenigstens die Frikadellen gingen für 50 Pfennig über die Theke. Wenn Erich nach dem dritten Bier eine Frikadelle bestellte, rief Herr Hülshäger laut in die Küche: „Alwine! Noch eine Frikadelle." Erich musste neue Umgangsformen lernen. Wenn er seine Bestellung mit „bitte" einleitete, blaffte der Wirt zurück: „Red kein Scheiß!" Ja, so waren die Menschen im Ruhrgebiet. Geradeheraus und nicht Überflüssiges.

Eines Abends kam Erich mit Karlheinz ins Gespräch. Der war dreimal so alt wie er selbst und lebte seit Ewigkeiten in der Kolonie. War Bergmann auf der Zeche Klosterbusch gewesen. „Da musste dann der Deckel drauf, damit ihr hier studieren könnt. Wir wurden fast alle auf Robert Müser verlegt. So wie in Langendreer beim Opelwerk“, sagte Karlheinz, hielt das wohl für eine gelungene Provokation, denn nun guckte er Erich erwartungsvoll an. Der merkte zwar, dass Karlheinz' Logik nicht so ganz der historischen Wahrheit entsprach, sagte aber nichts. Denn er hörte Karlheinz gerne zu. Der konnte erzählen, wie nach dem Krieg die Kommunisten im Ruhrgebiet stark gewesen waren und sich mit den Sozialdemokraten gefetzt hatten. Und wie er selbst bei den ersten Demonstrationen gegen Zechenschließungen dabei gewesen war.

Irgendwann, nach mehreren Runden Fiege Pils und Frikadellen von Frau Hülshäger, fragte Karlheinz Erich unvermittelt: „Ich frage mich schon die ganze Zeit: Was wollt Ihr Studenten eigentlich? Euer Dutschke redet immer so viel Stuss, von dem ich nichts kapiere. Aber vielleicht kannst du mir ein bisschen was erklären.“

So eine Frage hatte Erich nicht erwartet. War das wieder Provokation oder war das echtes Interesse? Stockend versuchte er zu erzählen, was er in diesem, seinem ersten Semester, von der Studentenbewegung mitbekommen hatte. Er strengte sich an, nicht „manipulieren“ zu sagen, redete weder über Vietnam noch erwähnte er das „falsche Bewusstsein der Arbeiter“. Wohl erwähnte er, wie weit weg die Bundesrepublik von wirklich demokratischen Verhältnissen sei, dass wirkliche Demokratie in den Betrieben anfangen müsse. Und wirkliche soziale Gerechtigkeit. Aber die gäbe es erst im Sozialismus.

Er redete lange, und Karlheinz hörte aufmerksam zu und sagte lange nichts. Dann unterbrach er Erich doch: „Ich muss dran denken, wie das war, als wir jung waren. Als wir in deinem Alter waren. Wofür wir uns damals begeistert haben. Alles, was du sagst, haben die Nazis auch gewollt. Aber das darf man heute ja nicht mehr sagen!"

Erich war perplex. Mit so einem Einwurf hatte er nicht gerechnet, nicht hier im Ruhrgebiet. War das wieder so eine Provokation, wollte Karlheinz ihn hochnehmen, nicht nur ihn, sondern die ganze Studentenbewegung? Aber diesmal war nichts Herausforderndes in Karlheinz' Mimik; er schien zu sagen, was er wirklich dachte.

Blitzschnell überlegte Erich, wie alt Karlheinz 1933 gewesen war, vermutlich so um die 18, also noch nicht wahlberechtigt, da hatte er weder die Nazis noch die Sozis wählen können. Beruhigt war Erich nicht, er hätte gerne mehr von Karlheinz' Geschichte gewusst, aber fragen wollte er ihn nicht. An diesem Abend nicht und später auch nicht.

| **Ruhrgebietchen** | **Personen*** |
|---|---|
| + | - |
| Josef Albers | Jürgen Bartsch |
| Luise Albertz | **Berthold Beitz |
| Kumpel Anton | **Manni Breuckmann |
| Rudi Assauer | Wolfgang Clement |
| Dietmar Bär | Dieter Degowski |
| Hermann Beckfeld | Ekel Alfred |
| **Berthold Beitz | Dirk Elfers |
| **Manni Breuckmann | Dieter Gorny |
| Manfred Brukschen | **Herbert Grönemeyer |
| Karl Bugla | **Elke Heidenreich |
| Sigi Domke | Petra Hinz |
| Roland Fliß | Thomas Middelhoff |
| Karl Ganser | Jürgen W. Möllemann |
| **Herbert Grönemeyer | Michelle Müntefering |
| Dirk Hallenberger | Willi Nowack |
| **Elke Heidenreich | Reinhard Paß |
| Gustav Heinemann | Guido Reil |
| Dem Gustav Heinemann seine Tochter Uta | Hans-Jürger Rösner |
| Theo Jörgensmann | Adolf Sauerland |
| Hape Kerkeling | Otto Schily |
| Herbert Knebel | **Horst Schimanski |
| Joachim Król | **Helge Schneider |
| Hugo Kükelhaus | Jens Spahn |
| Ernst Kuzorra | Willi Wacker |
| Ruth Leuwerik | |
| Reinhard „Stan“ Libuda | |
| Jochen Malmsheimer | |
| Heinz H. Menge | |
| Arend Mihm | |

*Ergebnisse einer Umfrage am Samstag, dem 28. April 2018.
**Doppelnennung.

| **Ruhrgebietchen** | **Personen*** |
|---|---|
| + | - |

Missfits
Charly Neumann
Bastian Pastewka
Claus Peymann
Helmut Rahn
Lieselotte Rauner
Hagen Rether
Heinz Rühmann
Saladin Schmitt
Jörg Sator
Tana Schanzara
Peter Roman Scholl-Latour
**Horst Schimanski
Christoph Schlingensief
**Helge Schneider
Ilse Storb
Rosemarie Trockel
Jürgen von Manger
Max von der Grün
Claire Waldoff
Juliane Werding
Helene Wessel
Adolf Winkelmann
Sönke Wortmann

*Ergebnisse einer Umfrage am Samstag, dem 28. April 2018.
**Doppelnennung.

**Karr & Wehner**
**Jetzt sach mal!**

Karr & Wehner, geboren 1955 und 1949 in Saalfeld und Werdohl, leben im Ruhrgebiet und schrieben bisher zahlreiche Storys, Hörspiele und die Gonzo-Thriller *Geierfrühling, Rattensommer, Hühnerherbst* und *Bullenwinter.* 1996 erhielten sie den Friedrich-Glauser-Preis für den besten Krimi des Jahres und 2000 den Literaturpreis Ruhrgebiet. Zuletzt erschienen von ihnen der Jugendkrimi *Schneekönige* (2011), die historische Kriminalerzählung *ALBUS* (2012) und die Storybände *Gonzo!* (2014) und *Essener Geschichten* (2015). [www.karr-wehner.de]

– Sach mal was dazu!
– Was? Ich?
– Ja du.
– Ich weiß nicht … also ich meine … der Michael Klaus hätte das gekonnt … So richtig abledern und dabei immer noch Everybody's Darling bleiben. Genau hinschauen, wenn der letzten Säufer in Gelsenkirchen aus dem Kenkenberg stolpert und über den Markt nach Hause torkelt. Der konnte mit den Schalke-Fans in der Kurve stehen. Einen Film über eine Kneipenwirtin schreiben, die es im Leben zu nix … aber das ist wieder einen andere Geschichte, und über die wollen wir uns hier nicht auslassen. Wie gesagt, der Michael Klaus hätte das geschafft. Die Menschen hier zu beschreiben, wie sie so stumpf am Gestern hängen, an der guten alten Zeit, an den Schrebergärten und dem Kohledeputat, an den kaputten Autos, mit denen sie rumfahren, und den grauen Allwetterjacken, mit denen sie eingekleidet werden, sobald sie in Rente kommen. Ja, das hätte der Michael Klaus gekonnt.
– Aber ich? Ich weiß nicht.
– Doch, sach mal!
– Ja? Also das Ruhrgebiet …
– Was wir dran mögen. Los, mach!
– Also der Tegtmeier hätte das gekonnt … Den Schwiegermuttermörder erzählen lassen wie den netten Kerl von nebenan. Ein bisschen dumpf in der Birne, aber netter Kerl, keine Frage. Der Tegtmeier hätte den Mund verzogen und den tiefen Ton von ganz unten rausgeholt, wie die Kohle ausser Zeche, in Bottrop. Mit seiner Mütze und seinem komischen Jackett hätte er dagesessen und einfach erzählt. Wie es ist, hier (oder bei ihm) im Revier. Soganzunter-unsSchwiegermuttermördern. In Schwarzweiß, im WDR. Verstehste?

– Und weiter!
– Was weiter?
– Sach weiter, wie das ist mit dem Ruhrgebiet.
– Wie es polarisiert?
– Ja, okay.
– Also der Schimanski hätte das gekonnt, ehrlich, Mann-Mann-Mann. Der hätte euch erzählt, wie's hier abgeht, in Duisburch und Essen, anne A 40 und im Hafen. Der Schimanski hätte dir ein Pils ausgeben und vielleicht nochen Korn dazu, und dann hätter dir klargemacht, wie's hier abgeht, kriminell. Der hätte kein Blatt vorn Mund genommen, von wegen korrupten Baumenschen und geschmierten Politikern, dumpfen Gewerkschaftern und dem ganzen anderen Gesocks, das sich hier die Taschen vollgemacht hat mit den U-Bahnstrecken, den Innenstädten und den Einkaufsmalls. Denn bei den ganzen halbseidenen Geschichten, da kennt der sich aus, der Schimanski. Ehrlich jetzt.
– Ehrlich?
– Ja, ehrlich.
– Und sonst …
– Wassen noch?
– Sach mal ne Frau.
– Fällt mir nicht ein.
– Na dann was anderes.
– Fußball?
– Warum nicht?
– Also der Helmut Rahn hätte das gekonnt, was über Fußball. Der hätte zu Ente Lippens gesagt: „Lass uns auffen Bier anne Ecke gehen." Und Ente hätte gesagt, Lothar hätte gesagt: „Gib mich die Kirsche." Und dann hätten sie am Tresen gestanden, und der Boss hätte eine Lokalrunde verlangt. Und Ente hätte gesagt: „Ich danke Sie." Und die Gäste hätten gerufen: „Erzähl noch mal, wie dat mit dem Tor in der

84sten war.“ Und Helmut hätte gesagt, also der Morlock hat gesagt, pass auf den Schäfer auf. Und der Schäfer hat nach innen geflankt. Und Kopfball. Und abgewehrt. Und dieser Reporter hat gebrüllt: „Aus dem Hintergrund müsste Rahn schießen.“ Und da hab ich geschossen. Und zu Hause haben sie vorm Radio gehockt. Und haben Tooooor! Tooooor! Tooooor! Tooooor! geschrien. Und ich hab's bis im Stadion gehört. Was ein Wunder war. Weil Bern war nicht grad umme Ecke. Und als ich wieder zurück in Essen war, haben wir hier alle am Tresen gestanden. Und der Wirt hatte das Spiel auf Tonband. Und ich hab für jedes Tor eine Runde geschmissen. Und Ente hätte gesagt: „Und dann bist du mit deinem Wagen in eine Baugrube. Und die Schupos haben dich festgenommen, weil du zugetreten hast.“ Und der Boss hätte gesagt: „Ne dat war später.“ Und dann hätten sie noch einen Absacker gekippt. Und auf dem Heimweg wären sie noch am Friedhof vorbei. Und Helmut hätte zu Ente gesagt: „Dat ist auch ein schöner Platz.“ Und der Adi Preißler hätte von seiner Wolke gesagt: „Genau, entscheidend is auf'm Platz“.

– Schön gesagt

– Ja, nicht wahr?

– Und weiter?

– Übers Ruhrgebiet?

– Ja, so insgesamt.

– Also der Bodo Hombach hätte nichts gesagt. Weil der Willi Nowack ihm nichts gesagt hatte. Nicht nachher und vorher schon gar nicht. Und Willi hat nichts gesagt, nicht, weil es nichts zu sagen gäbe, sondern weil er seine Resozialisierung nicht gefährden wollte. Willi hat lieber ein Buch geschrieben. Da sagt er alles. Also fast. Der Bodo hat es gelesen, hat aber nicht gesagt, was er davon hält. Weder politisch noch literarisch. Bodo hätte sagen können „So sind

sie halt die Sozis, wenn sie zu viel Macht bekommen, aber nicht damit umgehen können." Und Willi hätte sagen können, dass er gute Lehrmeister gehabt hätte. Und was hättest du denn getan, wenn du ein Büro für Projektplanung hast? Na? Genau! Projekte planen! Und dafür brauchst du Geld. Und leben musst du natürlich auch noch. Standesgemäß, nicht wahr, Bodo? Bodo Hombach hätte dazu natürlich nichts gesagt, nicht, weil dazu nichts zu sagen gewesen wäre.
– Und weiter?
– Mit ner Frau?
– Na endlich. Also los!
– Also, die Petra Hinz, die hätte was dazu gesagt. Wenn man sie nur gelassen hätte, wie sie wollte. Mit der Karriere. Vorbei an allen, ganz nach oben in den Bundestag. Juristin! Haben auch alle was zu gesagt. Aber nur hintenrum. Oder beim Pinkeln aufem Klo. Das mit ihren Mitarbeitern und dem Studium und so. Haben ja alle gewusst. Nur der Otto nicht, hat er wenigstens der Presse gesagt. Und dann muss das ja wohl stimmen. Weil die Petra und der Otto, die haben sich ja so gegenseitig gestützt. Das sagen einem eigentlich alle. Aber nur unter vier Augen, und dass sie das natürlich nie gesagt hätten. Das machen sie hier im Revier so. Also bei normalen Paaren. Bei Frauen weniger. Also eigentlich gar nicht. Die kennen die Petra jetzt auch gar nicht mehr. Nicht von vorher und nicht nachher. Womit ja alles gesagt ist.
– Komische Sache.
– Was?
– Das mit dem Ruhrgebiet.
– Du meinst, als Lachnummer?
– Ja, sag mal dazu was.
– Kann ich nicht.

– Was hätte denn Helge Schneider gesagt?
– Also der …
– … der hätte gefragt: „Sind Sie vom Tierschutz?“ Und dann hätte er einen Anschlag aufs Klavier ausgeübt und hätte gesungen: Katzeklo macht die Katze froh. Und hätte sich zurückgelehnt und ins Publikum geguckt, das gekommen wäre, um Helge zu gucken. Und Helge hätte gesagt, also das wäre jetzt Schleichwerbung für Aldi und so. Die gäben mehr als der Tierschutzverein für den Auftritt hier. Und dann hätte er noch mal in die Tasten gegriffen und erst mal nichts gesagt. Weil alle im Saal ja wussten, dass der Helge in Mülheim-Styrum geboren ist und auch manchmal in Mülheim wohnte. Zumindest früher, als er noch im Kulturforum in Essen-Steele freitags Jazz spielte, also viel früher, als er noch nicht auf seiner Finca in Spanien residierte. Und der Aldi-Albrecht residierte ja auch in Mülheim-Styrum. Und das war dann quasi nur ein Katzensprung. Also für den Helge und später auch für den Aldi. Viel später, weil der Aldi ja vorher noch Albrecht hieß und in Essen-Schonnebeck einen Tante-Emma-Laden hatte. Den er immer noch hat. Aber nicht mehr er selber, weil er diese Bewusstseinsspaltung bekam und so eine Art multiple Persönlichkeit wurde. Also ein Aldi-Süd in Styrum und ein Aldi-Nord in Schonnebeck. Also eigentlich wie der Bühnen-Helge und der Finca-Helge. Oder war das anders rum? Und dann hätte er wieder die Tasten gequält. Was schräg klang. Eigentlich sogar ziemlich schräg. Helge hätte wahrscheinlich gesagt: „Bekloppt.“ So bekloppt, dass es schon wieder völlig normal wäre. Das Klavierstück. Und der Helge.

## Sigi Domke
## An den Rändern ausgefranst

Sigi Domke, Jahrgang 1957, in Bochum lebender Schriftsteller, bekannt durch seine Ruhrgebietskomödien (*Freunde der italienischen Oper, Die Ruhrrevue, Ronaldo und Julia* u. a.) sowie die Arbeit für Herbert Knebel, ist darüber hinaus ein vielseitiger Musiker und Buchautor. Er ist Autor der Bücher: *Die Koplecks in: Freunde der italienischen Oper; Wie sieht denn die Omma aus?! Märchen und andere Geschichten aus dem Ruhrgebiet* (illustriert von Michael Hüter); *Helden sind immer die anderen. Urkomische Kämpfe mit dem Alltag anner Ruhr* (illustriert von Michael Hüter); *Wat ne Gegend! Überlebensratgeber Ruhrgebiet* (illustriert von Michael Hüter) und *Erster Kuss und dritte Zähne. Ruhrpott-Gedichte für jede Gelegenheit* (illustriert von Michael Hüter). Neben diesen vergnüglichen Streifzügen durch literarische Kurzformen schrieb er drei ausgewachsene Romane: *Nachbarn in Bäumen, Pinkelpausen und Tai-Chi* und *Sie sächselt leicht beim Bellen.*

Jetzt kommt ein Beitrag von „Ruhrgebietskind“ Sigi Domke! Ich habe mich für die positive Variante entschieden und will etwas schreiben darüber, was ich am Ruhrgebiet mag. Lästern fällt mir eigentlich leichter, und da fiele mir als Ruhri auch einiges ein, aber jetzt will ich mal schwärmen! Na gut, „schwärmen“ ist vielleicht etwas übertrieben. Sei’s drum!

Also: Was ich am Ruhrgebiet mag, ist, dass es keine Metropole ist. Das ist natürlich ein Schlag in die Gesichter aller Marketingstrateginnen und -strategen, die uns Eingeborenen hier mit sündhaft teuren Werbekampagnen seit Jahren das Gegenteil meiner Einschätzung einzutrichtern versuchen. Das tut mir leid, aber nur ein bisschen.

Global geht der Trend ja hin zur Metropole. Sogar zur Megametropole. Zehn Millionen Einwohner sind da gar nichts. In so einem Moloch kannst du 50 Jahre gelebt und nicht ein einziges Mal einen Bekannten getroffen haben! Geschweige denn, dass du mal ein Stück Natur, ein Pferd oder etwas Ähnliches zu Gesicht gekriegt hast. Nun haben die meisten, die es in diese Riesenstädte zieht oder treibt, sicherlich gewichtige Gründe dafür, aber ein guter Trend ist das für meine Begriffe nicht. Immer mehr Menschen leben immer naturferner in eigentlich unregierbaren Städte-Monstern und oft ohne funktionierende soziale Gemeinschaften. Das kann nicht gesund sein! Also, ich würde da krank. Schon beim Gedanken daran kriege ich Magendrücken, und mein Magen mag nicht gedrückt werden.

Sicherlich gibt es Metropolen, die in mancherlei Hinsicht einiges zu bieten haben. Städte wie Hamburg oder Berlin fallen mir da ein. Unter kulturellen oder architektonischen Gesichtspunkten sind die schon eine Reise wert. Aber auch die sind mir persönlich viel zu groß, viel zu voll und dadurch viel zu verstopft. Sie sind viel zu teuer und alles in allem viel zu anstrengend, um in ihnen dauerhaft zu leben.

Das werden andere anders sehen, aber in diesem Beitrag geht es ja um mich. Um mich und das auf eine Art seltsam gemütliche Ruhrgebiet.

Nun ist das Revier ja auch ein Ballungsraum, und zwar einer, in dem rund fünf Millionen Menschen leben. Donnerwetter! Aber diese stattliche Zahl verteilt sich auf sage und schreibe 53 Ruhrgebietsgemeinden! Interessanterweise triffst du, wenn du in den vielen Städten mit den vielen Menschen unterwegs bist, immer einen, den du kennst oder der zumindest wen kennt, den du kennst. Ehrlich! Deshalb gibt es Leute, die vielleicht etwas über das Ziel hinausschießen und behaupten, das Ruhrgebiet sei ein Dorf. Aber irgendwie stimmt es auch! Und was besonders schön ist: Zwischen den Dorfteilen gibt es Freiräume und von Abgasen kaum getrübte Luft!

Ich, zum Beispiel, lebe seit ein paar Jahren im Bochumer Norden, im Stadtteil Gerthe. Der grenzt direkt an drei Nachbarstädte, nämlich an Dortmund, Herne und Castrop-Rauxel. Dazwischen kann man erstaunlich viel Grün bestaunen. Ja, die Gegend weist eine ungeahnte Reiterhofdichte auf, mit entsprechend vielen Pferden. Ganz anders als Hongkong. Es riecht hier nach Pferd; es sieht aus wie im Bergischen Land; man wähnt sich ganz woanders. Man möchte Cowboy werden. Oder besser noch: Indianer! Ich war ja immer mehr auf der Seite der Apachen und Komantschen oder Sioux (als Kind gesprochen: Sie Ochs). Ich kann allerdings nicht reiten. Maximal auf einem Esel. Aber was ich nicht kann, kann ich ja lernen! Unabhängig von meinen Reitkünsten ist die Gegend um Gerthe eindeutig die Indianer-freundlichste in ganz Deutschland, nach Elspe und Bad Segeberg. Aber ich schweife ab.

Jedenfalls gibt es solche quasi-ländlichen Oasen häufig im Ruhrgebiet. Andererseits ist man in wenigen Minuten in irgendeiner Innenstadt und kann die städtischen Vorzüge genießen. Gut, die sind in einigen Fällen überschaubar, aber es gibt sie; und wenn genügend Menschen sie weiterhin nutzen, werden sie hoffentlich auch erhalten bleiben! Das liegt nicht zuletzt an uns! Na ja, und kulturell ist das Ruhrgebiet als Ganzes dann natürlich doch eine Metropole! Holla, holla! Da müssen wir uns nicht verstecken. Da sind wir alles andere als provinziell.

Es gibt allerdings auch die provinziellen Nachteile. Zum Beispiel beim Öffentlichen Nahverkehr. Wer sich vorgenommen hat, mit Bus und Bahn mal alle 53 Gemeinden zu erkunden, sollte sich besser ein Sabbatjahr nehmen. Mit den „Öffis“ unterwegs zu sein, erfordert gute Nerven. Man braucht Zeit und oft auch Galgenhumor. All das braucht man hier in verkehrstechnischer Hinsicht sowieso. Da ist im Revier einiges versäumt worden in der Vergangenheit. Wem sage ich das. Die meisten von uns sind ja täglich irgendwo zwischen Duisburg und Dortmund unterwegs und üben sich in Leidensfähigkeit.

Und auch in architektonischer Hinsicht gibt es Defizite, und das ist noch freundlich ausgedrückt. Da kann man sich als gesegnet bezeichnen, wenn man Sehprobleme hat und das alles nicht so genau wahrnimmt, was in der Gegend rumsteht. Aber selbst wenn man gute Augen hat, übersieht man Gott sei dank viel, was man erst wahrnimmt, wenn man mal weg war und wieder zurückkommt. Das ist dann ein kleiner Schock, aber schnell gewöhnt man sich wieder an alles und freut sich, im Ruhrgebiet zu leben.

Sicher, ein wenig mehr Kooperation unter den Städten wäre nicht verkehrt. Aber ansonsten: Bleib, wie du bist, Ruhrgebiet! Ein Städtehaufen, mit schön ausgefransten Rändern! Bloß keine Metropole!

## Gerd Herholz
## „Wo das geht, geht alles“ – Ein Versuch über Duisburg

Gerd Herholz, geboren 1952 in Duisburg. Von Beruf Gymnasiallehrer, seit 1985 in der Stadtteilkulturarbeit tätig. Seit 1987 arbeitete er im Literaturbüro Ruhr, dessen Leiter er bis zum März 2018 war. Er schrieb und schreibt für den Rundfunk, Zeitungen, Blogs (z. B. die Revierpassagen). Als Autor und Herausgeber erschienen von ihm u. a. *auf- und abgesänge. gedichte* (Sassafras) und der Longseller *Die Musenkussmischmaschine. 132 Schreibspiele für Schulen und Schreibwerkstätten* (mit Bettina Mosler; Neue Deutsche Schule).

Dispargum, Tusburch, Duisburgum Doctum, Duisburg am Rhein also, 2010 nach der Loveparade-Katastrophe schien es erneut erledigt, unumstößlich diesmal. Nach weit über 1000 Jahren Stadtgeschichte wirkte dieses Duisburg, fünfzehntgrößte Stadt Deutschlands, wieder einmal wie ganz und gar kaputtgegangen, vollkommen kaputtgeschrieben, für dumm verkauft in den und an die Medien der Welt.

Kaputtgeschrieben wurden schon die Kumpels und Stahlkocher, als man sie einst ausmusterte, arbeits- und lebensunfähig gemacht von Staublunge, Blei oder Zinkdämpfen in Blut und Nerven. Wie Manfred, mein Halbbruder, Sohn eines im Nachkriegsherbst '47 durchreisenden Binnenschiffers aus den Niederlanden, eines eben nicht nur über die Wellen fliegenden Holländers, der den frischen Rheintöchtern am Duisburg-Wanheimer Ufer sehr zugewandt war. Einer mit Frau und Kind noch im Süddeutschen, wie meine Mutter in spe feststellen musste, als sie ihm rheinaufwärts nachreiste, liebeskrank. Da war die gebürtige Kolbergerin Edith Krolow aber doch froh, in diesem bereits zum x-ten Male ruinierten Duisburg – mit 9000 Tonnen Sprengstoff allein bei einem von 331 Luftangriffen gründlich ins Gesichts- und Geschichtslose gebombt –, war sehr froh, nach dem promisken Binnenschiffer Monate später im Biergarten des Wanheimer Tanzlokals „Rheinlust" noch auf einen Stettiner, genauer: einen Stargarder, zu treffen, meinen Vater Horst Waldemar Herholz. Man stammte quasi aus derselben Ecke, kam sich pommersch nah und kroch schließlich unter dieselbe Decke.

**Totentanz**

2010, dieses Mal hatten sich Duisburg und das Ruhrgebiet selbst den Rest gegeben. Dabei hatte sich Duisburg gerade erst grell maskiert zum Europäischen Karneval, geschminkt für die Dauerfeier keiner Kunst-, sondern Kulturhauptstadt. Hatte aufgetrumpft über Festival- & Fun-Fassade mit All-you-can-Party, Hip & Hop, Drug & Fuck und Tits ohne Top auf den Floats, den dahintreibenden Lautsprecherwagen des großen ravenden Totentanzes, der BlablaLalaLoveparade. Der WDR zeigt bis in den späten Abend hinein auf einem jener im Kreis festgefahrenen Lovemobiles im Schotter des stillgelegten Güterbahnhofs auch eine an der Stange tanzende Halbnackte. Öffentlicher Tabledance zu wummernden Bässen, ein hohler Basso continuo, der allen Schrecken übertönte und jedes Mitgefühl lärmend austrieb.

**Eine Tragödie ohne Schuldige?**

Seit jeher steht Duisburg mit dem Tod auf Du und Du. Alle und alles schon da gewesen. Römer, Franken, Normannen, Königspfalz, Kämpfe, Plünderungen, Besatzer. Judenpogrom 1350, Überfall des Kölner Erzbischofs, Bildersturm, 1. Weltkrieg, 2. Weltkrieg, KZ Ratingsee in Meiderich als Außenstelle Sachsenhausens und Buchenwalds, Stahlkrise, Zechensterben.

Aber ausgerechnet mit einer Techno-Party hat Duisburg es zu guter Letzt allen so richtig gezeigt, abyssus abyssum invocat, der Abgrund hat den Abgrund gerufen. Endlich wurde Duisburg weltweit wahrgenommen: als namhafte Nekropole von Rang und Schmierentheaterbühne vor allem für Politikerdarsteller und Innovationssimulanten.

Bereits wenige Jahre zuvor, am 15. August 2007, war Duisburg schon einmal für ein paar Tage eine mediale Leichen-Hauptstadt, nach den ’Ndrangheta-Anschlägen auf sechs Italiener vor dem Ristorante „Da Bruno“, unten in Klöckners „Silberpalais“ am Duisburger Hauptbahnhof (heute wie damals von Immobilienjongleuren bei den Nude

Estates Limited auf Guernsey verwaltet). Das „Silberpalais“ liegt nur ein paar Steinwürfe entfernt von jener Güterbahnhofsbrache, von jenem tristen Bauerwartungsgelände, das ein Investor namens Krieger großspurig lange als „Duisburger Freiheit“ sein Eigen nennen durfte, von jenem Tunnel also an der Karl-Lehr-Straße, der für 21 Menschen bei der Loveparade vom 24. Juli 2010 zur tödlichen Falle wurde.

**Anything goes**

In „Buch drei“, einem Programmklotz der Kulturhauptstadt Europas Ruhr.2010, hieß es vorab in sturzbesoffenem Dummdeutsch: „In der Metropole Ruhr geht man im Namen der Liebe wieder auf die Straße. Die Loveparade [...]lebt die Vision von der Metropole Ruhr. [...] Sie lässt bis mindestens 2011 die Erde und die Herzen im Ruhrgebiet beben. Wogende Menschenmassen.“ Und ein bei einer Hamburger Werbeagentur eingekaufter Slogan der Kulturhauptstadt dröhnte begleitend: „Wo das geht, geht alles.“ Der Loveparade (von der Ruhr.2010 unterstützt, aber nicht organisiert) ist es schließlich gelungen, diese obszöne Wahnvorstellung Wirklichkeit werden zu lassen. Sicher, eine Katastrophe war nicht zwingend vorauszusehen, wurde aber doch immer wahrscheinlicher und liegt in einer mastergeplanten Kulturkampagnen-Logik, die weltweite Aufmerksamkeit und Standort-Ranking-Erfolge um fast jeden Preis will: Wo alles gehen soll, geht am Ende eben auch das Ungeheuerliche.

**Durchatmen möglich**

Nach der Loveparade hat zudem der verlogen inszenierte Ruß- und Rostschmuh aus 32 Jahren Schimanski-Krimis eine Stadt erneut eingeholt, die tatsächlich dabei war, sich langsam vom „Strukturwandel“ zu erholen, sogar von diesem Wort selbst.

Im Duisburger Zentrum blühten Urbanität und Kommerz zugleich auf zwischen neuem Einkaufszentrum Forum, Spielcasino und Stadttheater am König-Heinrich-Platz. Und nicht weit davon entfernt kann man im Innenhafen am Wasser flanieren zwischen Jüdischem Gemeindezentrum, Marina und Museum Küppersmühle, sich umschauen in Ateliers und Restaurants. In Duisburg kann man sie durchaus finden, die Ecken, an denen aus Nichts ‚Etwas‘ wird. Es gibt Orte hier, die sind genau wie Leipzig, Hamburg, Berlin oder Amsterdam, es gibt Stellen in Duisburg, an denen kann man tatsächlich atmen.

**Seniler Saftsack Schimanski**

Doch in den Medien wirkt Duisburg nach der Loveparade erneut so verlässlich hässlich wie immer schon in den Kulissen rund um den abgetakelten Asphaltcowboy Schimanski und dessen garantiert gefühlsechte Underdog-Protzerei. Nicht nur Duisburgern dürfte beim Anschauen des 2007er Tatort-Rührstücks „Tod in der Siedlung“ aufgefallen sein, dass die Kameraleute ihren gefakten Menschenmüll und dessen Wohnkloaken tatsächlich oft in Köln oder anderswo abfilmten, weil es Schimanskis Duisburg so entstellt überzeichnet kaum gegeben hat.

Jetzt droht der Schimmi-Proletkult gemeinsam mit dem neuen TOTORT-Image von Duisburg das Bild der Stadt für lange Zeit festzuschreiben. Und Oberbürgermeister, Polizeiobere und smarte McFit-Betreiber (Slogan: „Einfach gut aussehen“) gaben vor den Medien und in deren Kommentaren ein erschreckendes Gruppenbild ab: als Parvenüs, kleine Mitläufer des großen Geldes, vorauseilend Gehorsame, denen die Stadtkultur eine Beute zu sein schien, für sich und für andere. Man darf gespannt sein, wie der Loveparade-Prozess 2018 ausgeht, welche Kleinen man hängen wird und welche Großen man laufen lässt.

Duisburg heute ist gezeichnet, nicht allein von dem, was Hannah Arendt einmal die gedankenlose Banalität des Bösen nannte, sondern viel schlichter noch: von einer auf allen Ebenen gewinnfixierten Bösartigkeit des Banalen.

**Abgetrennt vom kosmopolitischen Rhein**

Was die Schimanski-Krimis zum Milieu verklären, zur Kulisse seniler Saftsäcke, müsste eigentlich ganz neu erklärt, ganz anders erzählt werden.

Es gab und gibt es, das trostlose, das ungetröstete Duisburg: Vorhölle entfremdeter Arbeit und ums Überleben kämpfender Familien, eine zerstörte und ausgeplünderte Stadt, die für jeden dahergelaufenen Investor neu geopfert wird, mit unsichtbaren Gewinnern und sehr sichtbaren Verlierern. Duisburg früher, das schnitt dich zumindest in den sogenannten Werkssiedlungen Huckingens oder Wanheims ab von Geschichte und Welt. Selbst der Rhein, der zwischen rechtsrheinischem Alt-Duisburg und eingemeindeten linksrheinischen Stadtteilen ins Offene fließt, der Nordsee zu, konnte daran nichts ändern. Rhenus Pater will hier nur breit und träge vorbeirollen, nicht mehr sein als nur Großschifffahrtsweg, Arbeitstier, Lastenträger. Das städtische Leben jedenfalls war abgetrennt vom kosmopolitischen Rhein und hat die Lebensader zu lange fast ganz der in den 90ern sogar noch einmal Dioxin spuckenden Industrie überlassen.

Viele Jahrzehnte nach dem Krieg lagen am Rhein, dessen Ufer hermetisch abriegelnd, die großen Werke, auch Rüstungsunternehmen von einst und von heute: Mannesmann, Demag (von 1998 bis 2001: Mannesmann-Demag-Kraus-

Maffei-AG München), Metallhütte Berzelius, Rheinmetall, Kupferhütte, Thyssen-Krupp … Das Rheinufer war von Fabriken besetztes Land, den Duisburgern nach Feierabend im Alltag unzugänglich. Die Alster macht Hamburg zur atmenden Stadt, die Donau Wien, selbst in Köln und Düsseldorf gibt der Rhein den Städten Luft. In Duisburg aber wurde der Rhein an die Kette gelegt, mit der Ruhr abgerichtet zur Wasserstraße, zum Binnenhafen, der einst als der größte der Welt galt. Ein weltoffener Platz eigentlich, doch reisen hier en gros allein die Waren, der Mensch wird vereinzelt, einfach stillgestellt in der Stadt Montan, fixiert, Gefangener der Arbeit und der Illusion, nur außerhalb der Arbeit bei sich sein zu können. Oder moderner: Gefangener der Arbeitslosigkeit und der Illusion, nur in der Arbeit wieder bei sich sein zu können.

**You are now leaving the democratic sector**

Etwas davon muss ich intuitiv gewusst haben oder schlichtweg gesehen, als auch mein Bruder als Schlosserlehrling in den 60ern hinter den Werkstoren der Demag AG verschwand. Eingeschlossen, enteignet wie schon der Vater:

auch nach der frühschicht
zertickt die stechuhr sorglos
meinen lieblingstraum

Also über Bildung entkommen, lieber noch ein bisschen von der Schulbank gedrückt werden, Abi machen.

Das brandneue Gymnasium, das ich ab der Quinta in Huckingen besuche, heißt Reinhard-und-Max-Mannesmann-Gymnasium und ist devot den Erfindern des Schrägwalzverfahrens zur Herstellung nahtloser Röhren gewidmet, wohl in der Hoffnung auf großzügige Spenden der Mannesmann-Werke. In diesem ersten Tagesheim-Gymnasium Nordrhein-Westfalens gibt es Reformrhetorik zuhauf, wirklich gute Lehrer, aber auch einen heimlichen Lehrplan, einen der alltäglichen Beleidigung. In der Unterstufe versucht man, den in die kleine Not geborenen Arbeitergören kompensatorisch aufzuhelfen, sie mit der Milch der frommen SPD-Denkungsart aufzuziehen und zu kultivieren. Lehrer Robinson trifft Kind Freitag und die kleinen Barbaren aus Duisburg-Süd („Kumma, kumma, hömma, wat will dä Mann da?") werden missioniert, hören auf, Menschenfleisch zu essen, lassen sich das Alphabet und das Rechnen beibringen, singen im wöchentlichen Schulgottesdienst. Ich turne dazu erfolglos an Reck und Barren, zähle mir, was nötig, an den Fingern ab und erlange schließlich die Hochschulreife. Ein veredelter junger Wilder, abgerichtet für ein Wirtschaftswunderland in der Krise, das ein bisschen mehr Demokratie wagen will, aber bitte nur vor, nie hinter den Werkstoren. Vor diesen Toren nämlich könnte überall stehen: You are now leaving the democratic sector.

**Grass**

Als junger Germanistik-Student an der Universität-Gesamthochschule Duisburg, später Gerhard-Mercator-Universität, traf mich der Schlag, als ich bei der Lektüre der Grass'schen „Blechtrommel" tatsächlich auch Duisburg erwähnt fand. Weltliteratur trifft No-Name-Stadt. Der sich durch die Zeiten trommelnde Oskar kommt am Ende Duisburg, dem Ruhrgebiet immer wieder nahe. Über Oskars Lehrmeister in Düsseldorf, den Steinmetz Korneff wird gesagt:

„Er machte seine alljährliche Rheumakur, arbeitete in Duisburg vor einem Hochofen, und als er nach vierzehn Tagen ausgedörrt und ohne Furunkel zurückkam, hatte ich schon drei Steine, darunter einen für ein dreistelliges Grab, günstig verkaufen können."

Da stand es schwarz auf weiß: Es gibt Duisburg wirklich, es gibt da Menschen. Vielleicht hätte Korneff in jenen vierzehn Tagen irgendeines Nachkriegsjahres meinen Vater treffen können. Der nämlich arbeitete auch vor einem kleinen Hochofen, einem Muffelofen als Zinkzieher bei der Metallhütte Berzelius in Duisburg-Wanheim an der Ehinger Straße. Ortsfremde sprechen dieses Wanheim manchmal wie „Wahnheim" aus.

Wenn selbst Grass – sei's auch nur in wenigen Sätzen – von Duisburg, von Hochofenarbeitern erzählte, wenn sie es wert waren, von ihm zumindest am Rande zu Literatur ‚verarbeitet' zu werden, vielleicht ist Duisburg dann doch nicht ganz von der Welt abgeschnitten, nicht nur der graue, schlaffe Arsch der Welt, vielleicht lohnt es sich doch, das Leben hier ernst zu nehmen, vielleicht sind wir hier doch der Rede wert?

Warum sollte es gerade über uns nichts zu erzählen geben? Hatte nicht auch Grass die Provinz als Geburtsort der Literatur beschworen? Konnte man von ihm nicht lernen, dass dieser Vorort Huckingen zum Beispiel, in dem ich aufwuchs, so groß oder so klein er auch ist, dass alles, was sich auf dieser Welt ereignete, auch hier hätte ereignen können, hier längst geschehen und wieder vergessen war, von hier aus gesehen und begriffen und aus dem Kopf geschlagen oder dem Hals gewürgt, übers Knie gebrochen und erzählt werden kann?

Da wäre zum Beispiel das Lebensgefühl vieler Ruhrgebietler (aller Provinzler überhaupt, auch jener in Berlin) zu beschreiben und zu überwinden: das Gefühl, immer bloß in einem Vorort einer Vorstadt ein Vorleben zu führen. Die muss doch noch wer zur Sprache und zum Sprechen bringen: all die verlorenen Verlierer, verbrauchten Verbraucher, abseitigen Mitläufer, kleinen Anarchisten und Saboteure des Alltags. Sie fehlen doch, die Nahaufnahmen von Weitsichtigen und Zukurzgekommenen, all den hochgradig verstörten Leuten, jeder in seiner eigenen „Parallelwelt", lange bevor das Wort erfunden wurde. Hier im Ruhrgebiet hängt man an seiner Kaputtheit, falls sie einem überhaupt auffällt. Und die eigene Wehleidigkeit oder die der anderen zu überwinden und ins Ästhetische zu übersetzen, sie in gekonnte Melancholie, abgründigen Humor und Literatur zu verwandeln, das kostet Kraft, die die Kabarettisten des Ruhrgebiets mehr zu haben scheinen als die Literaten (Michael Klaus aus Gelsenkirchen war da eine Ausnahme).

**Duisburg, 2018**

Kleine Hoffnungsschimmer aber gibt es: Feridun Zaimoglu zum Beispiel, in Kiel ansässiger deutscher Schriftsteller, lässt seinen 2011 bei Kiepenheuer & Witsch erschienenen Roman in Duisburg spielen, streift in der Stadt umher, recherchiert, spricht mit den Leuten. Zaimoglu kam von außen Duisburg und seinen Menschen so nahe, wie es von innen keiner bisher geschafft hatte.

Im April 2010 meinte er dazu bei einem Bühnengespräch im Mülheimer Ringlokschuppen: Duisburg, das Ruhrgebiet ergebe für ihn einen schönen Zusammenhang einzelner Bilder, mehr zunächst nicht. Eine Erzählung müsse es erst werden, daran arbeite auch er selbst. In einem seiner Texte hat er das Ruhrgebiet einmal so skizziert: „1 Euro ist Trumpf. Hier im Ruhrpott ist das deutsche Gesellschaftsmodell der Zukunft entworfen worden, lange vor den Berlinern, die glauben, Leben sei das Pastarestaurant um die Ecke plus halbgebildete Zickenfreundin plus Plasma-TV plus Taxifahrt zur Bar mit der Kellnerin, die die Oberpartie ihrer Arschritze grünblau tätowiert hat. Schöne blöde Welt. Voller Härte, und Männer und Frauen im schönen Eifer der Rattengefechte trifft man im Pott, hier gibt es Liebe und Hass, hier macht man sich nicht fein, um auszugehen – hier gilt der Antibürger-Chic: betont naturechte hohe Kerntemperatur. Dicksein macht nix, auch die Dicken gehen mit der Mode, sie tragen Bulimie-Kleider in XXL. Die Außenbezirke bluten in die Stadtmitte, und im Zentrum bluten die Menschen aus, ein bisschen Geld reicht schon, um sich nach ganz weit vorne zu rempeln."

## Hubertus A. Janssen
## Rotterdam – Duisburg

Der Kormoran fährt Wasserbus.
Dahin treibt sie, die Kohle.
Das Urgestein, das weichen muss.
Einst im Kanal; jetzt schlicht im Fluss.
Am Hafen krächzt 'ne Dohle.

Hubertus A. Janssen, Jahrgang 1964, aufgewachsen in Warendorf an der Ems, wurde nicht Förster, sondern beendete sein Medizinstudium in Mainz. Seit 2010 dichtet er für die Funke-Mediengruppe und für den Landwirtschaftsverlag Münster und andere Zeitungen. Als Erfinder des „landwirtschaftlichen Feuilletons" ist er ein Vertreter eher kurzer Kurztexte. Gemeinsam mit Jens Dirksen liest er im „landwirtschaftlichen Feuilleton, unplugged". Sein Gedichtband *Der Lurch hält durch* (Henselowsky Boschmann) wurde von Peter Menne illustriert. Der Grenzgänger Janssen arbeitet als Arzt genau da, wo Ruhrgebiet und Münsterland ineinander übergehen. Er lebt mit Familie in Recklinghausen.

## Ulrich Straeter
## In jenem ach so heißen Sommer

Ulrich Straeter (auch: Amanda Fuchs, tremonius, rumpelstilzchen, butzemann, Maulwurf, Grantler, U. S., -ust-), geboren am 26. Juli 1941 in Dortmund, lebt seit 1968 in Essen. Diplom-Finanzwirt, Verleger, Schriftsteller. 1992 Mitbegründer des ARKA-Verlages, Essen; 1993 Gründer der Künstlergruppe ZORMM, Essen; seit 1998 Mitglied des Kulturbeirates der Stadt Essen. Letzte Veröffentlichungen in Anthologien (Auswahl): *Dem Mensch sein bester Kumpel* (Henselowsky Boschmann); *Schicht im Schacht* (KBV); *Schlafende Hunde V* (Verlag am Park). Letzte Einzelveröffentlichungen (Auswahl): *Grüne Minna, Roman* (Henselowsky Boschmann); *Sizilianische Zitronen – Ein Lied des Südens, Reiseerzählungen* (Horlemann); *Eickmeiers Traum und andere Geschichten* (Brockmeyer); *Ein Jahr ohne Fö(h)n* (ARKA). Herausgaben (u. a.): *Der Pott kocht. Geschichten zur Criminale 2000* (mit H. P. Karr & Walter Wehner; ARKA); *Schmales Blütenblatt aus Meer und Schnee (Chile)* (mit Angelika Wolf; ARKA). Verleihung des Rheinlandtalers 2002, zusammen mit Ilse Straeter.

– Das war damals ein verdammt heißer Sommer.
– Erzähl mir nix.
– Doch, ich weiß es noch wie heute, damals gab es heiße Sommer und kalte Winter.
– Und, was soll's?
– Also, wenn ich, später als das, was ich eigentlich erzählen will …
– Das hat man schon gern!
– … später also, wenn ich manchmal abends von der Arbeit mit der letzten Straßenbahn von Dortmund nach Hörde kam, die fuhren damals noch bis in die Nacht, dann war dort natürlich der letzte Bus nach Berghofen weg.
– Klaro, das hat sich bis heute nicht geändert. Du hast gearbeitet?
– Und ob. Bei der Deutschen Bank als Lehrling. Mein oberster Chef war Dr. Dr. h. c. Hermann-Josef Abs, Vorstandvorsitzender und ehemaliges NSDAP-Mitglied. Es hieß, der leite die Bundesrepublik Deutschland und nicht Dr. Konrad Adenauer. Die Nazis verließen mich übrigens nicht: meine Volkschullehrerin, einer meiner späteren Chefs … Aber das nur nebenbei. Bus war also weg, deshalb hieß es kantapper, kantapper den Berg hinauf, denn wie der Name schon sagt, liegt Berghofen auf dem Berg.
– Und wo, bitteschön, liegt dieses Berghofen außer auf einem Berg?
– Das liegt, das erwiderte ich damals auf solche Fragen zumeist, um die Sache einfacher zu gestalten und lange geografische Erörterungen zu vermeiden, das liegt bei Aplerbeck.
– Aplerbeck?
– Ja, Aplerbeck, das verstand jeder. In Aplerbeck gab es die Irrenanstalt. Das hieß damals so, den Begriff Psychiatrie kannte man nicht. Die Leute nickten zustimmend,

schauten einen aber etwas seltsam an und meinten, dann sei ja alles klar. Aplerbeck!
Ich also kantapper, kantapper zu Fuß den Berg hinauf nach Berghofen, aber vorher lag noch am Wegesrand diese endlose Stahlfabrik „Phönix" von der Dortmund-Hörder-Hütten-Union, später Hoesch. Tor 1, Tor 2, Tor 3, Tor Bickefeld. Über drei Kilometer. Und ich natürlich mit etlichen Bierchen intus und keine Kneipe mehr offen. Ganz schön ermüdend.

– Wo sich jetzt dieser tolle Phönix-See erstreckt.

– Genau, die Fabrik haben sie an die Chinesen verkauft und das Loch dann mit Wasser volllaufen lassen. Nicht mit Emscherwasser, das reichte nicht und stinkt immer noch zu viel, die Köttelbecke. Wo früher schweißtreibend malocht wurde, entwickelt sich heute ein Nobelwohnviertel mit Segelbootbetrieb. Das nennt sich Strukturwandel. Drei Schichten gab es, jedes Mal über alle Dörfer mit Sirenengeheul verkündet, damit es keiner verpennen konnte: um sechs Uhr morgens, um 14 Uhr und um 22 Uhr. Kein Stillstand, damals schon nicht. Halbe Stunde vorher konnten sich dann die Arbeiter, die in unserer Straße wohnten, auf ihre Fahrräder schwingen. Das Sirenengeheule machte mich morgens um sechs wach und erinnerte mich an die Fliegeralarme von 1943 bis 1945.

– So alt bist du schon?

– Das tut nix zur Sache. Also, wo war ich liegen- bzw. stehengeblieben? Ach ja, beim Tor Bickefeld, ganz in der Nähe vom Busbetriebshof, wo noch früher mal die Straßenbahnen einfuhren, doch davon gleich. Dort standen und schnarchten die Busse und erholten sich vom Stress des Tages, wie zum Hohn für mich. Manchmal hatte ich Glück, dann wurde es hell.

– Was heißt hell? Gab es keine Straßenlaternen?

– Doch doch, die gab es. Ab und zu war Hochofenabstich in Hörde, dann wurde der ganze Himmel bis nach Aplerbeck und Berghofen erleuchtet. Und dann konnte man auch den „Feurigen Elias“ beobachten, einen Spezialzug, der das aus dem Hochofen gewonnene heiße, flüssige Eisen in die Fabrik brachte. Es dampfte und zischte und sah gefährlich aus. Manchmal fielen brennende Brocken runter.

– So kam die große Erleuchtung über die Dörfer.

– Du sagst es, sozusagen als Abfallprodukt der Eisengewinnung. Dann weiter. Es kam die Unterführung, oder besser: Ich kam zur Unterführung unter der Eisenbahnlinie von Hörde nach Aplerbeck.

– Da ist es wieder, dieses seltsame Dorf.

– Sag ich ja. Die Straße verlief in einer S-Kurve, und dort hatte August, ein flotter Straßenbahnfahrer, den Motorwagen der damaligen Schmalspurstraßenbahn zwischen Hörde und Schwerte aus den Schienen gekippt. Das war vor dem Busbetrieb. August sah wirklich flott und fesch aus, hochgewachsen, schwarzhaarig, mit Menjou-Bärtchen. Wie ein Typ aus einer ungarischen Operette. Und wie der Steuermann eines Großseglers stand er an seinem Fahrerpult, bediente die Klingel mit dem Fuß und kurbelte, was das Zeugs hergab, oder besser: das Elektromotörchen. August fuhr immer sehr schnell. Und einmal dann zu schnell. Erfreulicherweise erhob sich seitab eine mit Wiese bewachsene Böschung, die dafür sorgte, dass die Sache glimpflich ablief. Die Bahn legte sich auf die Seite, als sei sie müde. Paar Schrammen für das Gehäuse und für die Leute. Sonst nix passiert. August sah man einige Zeit nicht mehr, dann tauchte er als Schaffner auf einer anderen Linie wieder auf. Gut gelaunt wie immer, schnell, einige derbe Sprüche auf Lager. Er absolvierte den neuen

Job, genauer gesagt, die Degradierung, ebenso souverän wie den Job an der Stromkurbel. Und irgendwann bediente er, sitzend, was ihm überhaupt nicht behagte, die Technik eines neuen Großraumwagens. Dessen Schnelligkeit er aber vorsichtshalber nicht mehr völlig auslotete. Also ich unter der Eisenbahnlinie durch, und dann fing der Berg an, der dem Dorf, das wohl 800 Jahre alt ist, seinen Namen gegeben hat. Schrieb sich früher mal Beárghoawen. Die erste Hügelwelle des Sauerlandes. 130 Meter hoch. Noch nicht so hoch wie der Freischütz im Schwerter Wald mit seinen 200 Metern, dazu komme ich noch.

– Wenn das so weitergeht, eine leere Versprechung.

– Lass mich doch mal ausreden! Ich ging weiter, nämlich weiter hoch, an der Haltestelle „Weiche“ vorbei – da weichte oder wich nichts mehr, nur die Kneipe hieß noch so – bis zum Iltisweg und dann links ab. Vorher kam ich aber noch bei der Bockstation vorbei.

– Bock…was? Is'n das? Nie gehört, spinnst du?

– Nee, echt. Dorthin brachten die Leute ihre brünstigen Ziegen und Schafe zum Decken. Die Ziege hieß übrigens früher „Bergmannskuh“. In der Station wurden die Böcke gehalten. Vielleicht war auch 'n Eber dabei, wenn mal 'ne Sau im Bollerwagen stand.

– Wat et nich allet gibt!

– Gab! Weiter. Kantapper, kantapper, beim Iltisweg links ab.

– Knorke, schnaffte, und dann?

– Ich wollte ja nur kurz mal erzählen, wo dieses Dorf liegt, in dem sich damals dieser ach so heiße Sommer abspielte. Das war nämlich vorher, vor der Deutschen Bank und dem Abs, als ich so um die sechzehn Jahre alt war. Ein heißer Sommer und Sommerferien. Ich zu Hause. Damals fuhr man noch nicht in Urlaub, das leistete sich unsere

Familie erst Jahre später mal, zum Bodensee. Ich lungerte also so da rum. Einmal fuhr ich mit dem Fahrrad durchs Dorf. Eigentlich fuhr ich jeden Tag durchs Dorf, aber einmal wohl besonders. Und da kam sie mir mit dem Rad entgegen.

– Wer?

– Ja, dieses Mädchen, das ich schon lange kannte, die Schwester eines Schulfreundes, mit dem ich heimlich Zorro-Filme im Kino geguckt habe. Offiziell machten wir zusammen Schularbeiten.

– Du kommst schon wieder vom Thema ab.

– Nee, gar nicht. Mit diesem Mädchen hatte ich mich schon auf Kindergeburtstagen gebalgt. Und sie hatte mir die Hände zerkratzt. Die war nämlich widerborstig und kratzbürstig. Diese schwarze Katze. Das gefiel mir.

– Die kam dir entgegen?

– Ja, und blieb stehen. Ich natürlich auch. Hm, weiß nicht mehr, was wir geredet haben, nicht viel, glaube ich. Haben am Lenker rumgespielt, die Klingel ausprobiert, was man in solchen Situationen eben so macht. Und dann sind wir, unabgesprochen, als habe das jemand angeordnet …

– Eine Himmelsmacht?

– So was in der Art, es war ja ein heißer Sommer, dann sind wir die Straße, die Berghofer Straße, hochgefahren, sind links abgebogen, dann wieder rechts und kamen zum Schwerter Wald.

– Im Wald da sind die Räuber. Dort hast du … geraubt?

– Nein, dort hat sie … gewährt. Aber das erkläre ich dir gleich. Noch mal zurück zu den Benennungen. Der Ort hatte ja außer der Hauptstraße nix Eigenes. Der Wald nach Süden hin ist nach Schwerte benannt, und nach Norden den Berg runter, meinen Kantapperberg, fließt unser Gewässer als Hörder Bach in die Emscher.

– Flüsse und Bäche fließen meist bergrun…
– Quatsch nicht son Kokolores, veräppeln kann ich mich selber.
– Und was habt ihr sonst so gemacht in den heißen Ferien, außer Schwimmbad?
– Manchmal sind wir mit mehreren Jungens ein Bier trinken gegangen, bei Grete, da gab's Kronenbier.
– Und?
– Haben Skat gespielt – und über Frauen geredet.
– Frauen?
– Nun ja, Mädchen!
– Und?
– Nix und. Viel Gequatsche und wenig dahinter. Was sonst. Wenn wir Mädchen gehabt hätten, hätten wir nicht Bier trinken müssen. Hätte, hätte, Fahrradkette.
– Ach ja, Fahrrad, ihr zweibeide also mit den Fahrrädern …
– Wir also mit den Rädern in den Wald. Und wegen der holprigen Wege und damit es länger dauerte …
– Damit was länger dauerte?
– Ja, eh, das Zusammensein eben … sind wir abgestiegen und zu Fuß weiter, schiebend.
– Und dann?
– Kamen wir so ungefähr zum Freischütz.
– ?
– Ja, so nennen sich da oben auf der zweiten Hügelkette des Sauerlandes ein Veranstaltungssaal und eine Gaststätte. Und weil wir damit bei der Oper sind: Dort gondelte unser Operettenkönig quasi als Bajazzo mit seiner Bimmelbahn auch vorbei, mit uns drin, wenn wir zur Oberschule fuhren und dann immer abwärts bis nach Schwerte an der Ruhr hinunter. Aber wir wollten nicht zum Freischütz, jedenfalls ich nicht. Ich wollte zum Blauen See. Das war der hochtrabende Name für ein

Riesenloch, das ein ziemlich dicker Brocken, abgeworfen aus einem englischen Bombenflugzeug, in Wald und Boden gerissen hatte. So dreißig bis vierzig Meter im Umkreis. Das Loch hatte sich mit Wasser gefüllt und sah bei klarem Himmel und Sonnenschein, zum Beispiel in ach so heißen Sommern, manchmal richtig schön aus, blau, blausilbern, und der Himmel, die Sonne und die Bäume spiegelten sich in der glatten Oberfläche des Sees. See ist irgendwie übertrieben, aber Teich wäre zu wenig. Die Hütte war mir eingefallen. Nee, Hütte ist auch übertrieben, eine überdachte Parkbank am Rand des Sees, auf einer leichten Anhöhe. Dorthin lenkte ich nun Schritte, Fahrrad und Begleiterin. Und dann hockten wir da, ich rechts, sie links.

– Wieso du rechts?

– Ja klar doch, als Rechtshänder nimmt man das Mädchen mit dem linken Arm um die Schulter und …

– Und mit dem rechten?

– Der blieb erst mal untätig. Aber von rechts ging das mit dem Küssen ganz gut. Das ergab sich nämlich wie von selbst.

– Die Himmelsmacht …

– Die Himmelsmacht oder wer oder was. War mir doch egal. Hauptsache, wir küssten uns, und ich schmeckte die Lippen und roch den Duft der Haut. Manchmal schauten wir auch auf den Spiegel des Sees, aber ich glaube, wir sahen nichts. Da war nichts Kratzbürstiges mehr oder so. Da war alles weich und anschmiegsam. Schön! Das hätte unendlich so weitergehen können.

– Aber?

– Plötzlich hieß es: Ich muss nach Hause. Die Eltern – und ich bin sonst nicht so lange weg. Das könnte Ärger geben. Wir also wieder los, diesmal sofort auf die Räder und direktemang auf der Landstraße abwärts in unser Dorf hinein. Bevor wir uns trennten, mit Küsschen, noch nicht in Sichtweite der elterlichen Hoheitsgebiete, verabredeten wir uns fürs Kino am nächsten Sonntag.

– Im Sommer, bei der Hitze, ins Kino?

– Jau, nach Aplerbeck, das hatte drei dieser Etablissements und war weit weg von zu Hause, eine halbe Stunde zu Fuß den Berg hinunter. Und dann im Parkett, im Dunklen das Händchenhalten. Wie das prickelte. Ob wir das heute überhaupt noch nachempfinden können?

– Was habt ihr denn gesehen?

– Erstens haben wir kaum etwas gesehen, und zweitens kann ich mich nicht erinnern. Auf die Filme kam es doch nicht an. Einmal, glaube ich, irgendetwas mit O. W. Fischer, grausam, den konnte ich nie ausstehen.

– Filme?

– Ja, jede Woche wechselte das Programm. Und dann möglichst in der letzten Reihe vor der Rückwand des Palastes.

– In jenem ach so heißen Sommer!

– Ja, in jenem ach so heißen Sommer!

| **Ruhrgebietchen** | **Orte, Institutionen …*** |
|---|---|
| + | - |
| Aalto Theater | Bezirksregierungen |
| Bermuda-Dreieck | BVB-Ultras |
| Buden | „Die Emscher“ |
| Emscher | Innovation City |
| Essener Dom | Krupp |
| Folkwang Universität der Künste | Nokia Bochum |
| Gasometer Oberhausen | Opel |
| Gruga | Regionalverband Ruhrgebiet |
| Internationale Bauausstellung Emscher Park | Pro Ruhrgebiet |
| Kraftwerk Scholven | **Ruhrkohle AG |
| Lichtburg Essen | Revier-SPD |
| Musiktheater Gelsenkirchen | **Ruhr-Universität |
| Museum Folkwang | RWE |
| Quadrat Bottrop | **Schalke 04 |
| Revierparks | SPD-geführte Stadträte |
| Route Industriekultur | WDR Lokalzeit Ruhr |
| Ruhrfestspiele | ZVS |
| **Ruhrkohle AG | |
| Ruhr Nachrichten | |
| **Ruhr-Universität | |
| **Schalke 04 | |
| Sternwarte Bochum | |
| Universität Duisburg-Essen | |
| Unperfekthaus | |
| WAZ | |
| Zeche Nordstern | |
| Zeche Zollverein | |

*Ergebnisse einer Umfrage am Samstag, dem 28. April 2018.
**Doppelnennung.

**Sabine Herrmann**
**Hymnisches Werne**

Als Hausgeburt lebt Sabine Herrmann jetzt als frischgebackene Silveragerin vom Jahrgang '57 immer noch im nun eigenen Haus. Die Uni in der Nähe, Geschichte und Germanistik gemacht, die Arbeitsplätze als Journalistin vor der Haustür. Wollt nie weg. Heimat ist eben Heimat. Bochum, ganz speziell Werne.

Werne ist ein Edelkaff
der Mann aus Bottrop ist ganz baff
Ex-Hardeck-Haus mit vielen Ärzten
guten, klugen und beherzten
ein schicker Hellweg mit Geschäften
für täglichen Bedarf, bemüht nach Kräften

Ein Freibad natürlich sonnenbeheizt
authentic people ungespreizt
drei Apotheken, ein Förderturm
zu Narrenzeiten aufs Amtshaus Sturm
gentle people, viele Vereine
zusammen's packen – wer ist gern alleine

Die Kyffhäuser setzen stark ganz auf die Jugend
nachhaltig, wirkliche Supertugend
die alten Herren in schwarzer Kluft
beim Knappenverein herrscht heute reine Luft
für Youngsters mitunter unbeholfen
jedermann kann auf Amalia golfen

Und in der Vollmond-Kolonie
ist der Herzfleck der Sozialdemokratie
bei Gruschwitz dem alten Urgestein
kriegt die CDU auf die Erde einfach kein Bein
an Silvester der Artillerie Böllerschießen
so tun Neuhoffs das neue Jahr begrüßen

Ein Altenheim, manch Kindergarten
zum Lebensherbst und frohem Starten
ein Feld, zwei Parks, drei Autobahnen
ins Grüne gehen und dorthin fahren
ein Friedhof und drei Kirchen
Gebetsstuben im Hinterhof: Wir ham auch Türken

Drei veritable Supermärkte
an heißer Theke manch Kunde sich schon stärkte
fürs Flüssigsein sorgen zwei Banken
dann kann man auch bei Westfalen tanken
drei Schulen in Wernes Gefilden
hier können sich Kids und Teens tüchtig bilden

Albert Schulze-Vellinghausen
einer der FAZ-klugen Anti-Kultur-Banausen
Fritz Wortelmann, der beschwor der Puppen Tanz
H. O. Vetter bemüht sich um Arbeiter-Emanz
drei schlaue Söhne hat der Ort
in Geist und Seele leben sie fort

Dieses Leben verdankt Wern
einem eleganten Dortmunder Herrn
Robert Müser gab vielen Menschen Arbeit und Lohn
von der Harpener dieser Ruhrbaron
auf dieser Zech auch Kokerei
Migranten kamen aus der Pollakei

Natur pur an den Werner Teichen
dies Paradies sucht seinesgleichen
für seltne Vögel, Mensch und Hund
Sie sehen, in Werne läuft vieles und auch rund
in Werne kann man glücklich sein
es liegt nur an Dir selbst allein

Was Werne schon ganz lange kennt
dieses stille spezielle Dezember-Event
vor den Häusern, vor Türen am Geländer
erfreut der begehbare Adventskalender
ökumenisch, für die Kleinen und die Großen
wird gesungen, gebetet in munteren Posen

Bringen wir's auf einen Nenner
auch Werne hat sein und ist Siena
vom Deutschen Reich zu Werne-Mitte
hier ham se Herz, Anstand und Sitte
stehn ihren Mann und auch sonst im Leben
das ist ihr Reiz, genau das eben

Der kleine Merklinder sah sich niemals satt
was Kumpelines Heimat zu bieten hat

Hier scheint mir die Sonne aus dem Hintern
brauch nicht auf Malle überwintern
was soll ich bittschön auf Madeira
bleib daheim mit nescafe azera
Herrschaftszeiten – nix da mit Abruzzen
jeder Arsch hat seinen Nutzen

Pflegen mit der Puderdose
haben viele keinen in der Hose
auch kann man sich an jenem reiben,
ohne Tugend wird manch einer auch so bleiben
die Tat verführt zum ihn sich aufreißen
der Weltenlauf ihn zuzukneifen

So mancher hat ihn völlig offen
lässt nichts Gutes mehr erhoffen
am Arsch, so sagt man, hängt der Hammer
so sind wir, ja so samma
seht wie Ihr's wollt, ich seh es so
bei Regen geht man auch aufs Klo.

**Pia Lüddecke**
**Der Taubenvatta**

Pia Lüddecke wurde 1981 in Recklinghausen-Süd geboren und brachte ihre ersten fantastischen Geschichten schon als Kind zu Papier. Sie studierte Germanistik und Anglistik an der Ruhr-Universität Bochum und der University of Newcastle upon Tyne und verfasste ihre Magisterarbeit über Goethes *Faust*. Seit 2009 ist sie als Redakteurin beim Correctum Verlag für die Stadtmagazine Witten, Castrop-Rauxel und Lünen tätig. 2016 erschien ihr erster Roman *Der schwarze Teufel*, ein Schauermärchen (Ventura). Seitdem tourt sie gemeinsam mit dem Musiker Benjamin Ehrenberg über die Lesebühnen der Region. Das Hörspiel zur Geschichte wird zum Herbst/Winter 2018 beim Label Tonkunstmanufaktur veröffentlicht. Pia Lüddecke ist Mitglied in der Künstlergruppe „Der Schwarze Salon" sowie der Autorengruppe „Wir schreiben in Bochum". Wenn sie nicht gerade schreibt oder (vor-)liest, kann man sie beim Fechttraining des USC Bochum auf der Planche antreffen. [www.pialueddecke.de]

„Tu es!“ Timo Koslowski bedachte mich mit einem Blick, der keinen Widerspruch duldete. „Oder hast du etwa Muffensausen?“

Ich zögerte. Ich wollte nicht zugeben, dass mir fürchterlich die Düse ging. Ich wollte es aber auch nicht tun: Über die Mauer auf die andere Seite zu klettern, wäre absoluter Wahnsinn.

„Sie traut sich doch eh nicht“, stichelten jetzt auch Linda und Sabine. Die beiden hatten gut reden. Von ihnen erwartete niemand, über eine zwei Meter hohe Barrikade aus verwittertem Backstein ins eigene Verderben zu kraxeln. Wahrscheinlich hätten sie das in ihren hautengen Levis-Jeans und mit ihren Madonna-Frisuren auch gar nicht geschafft. Leute mit solchen Frisuren stellten sich beim Kraxeln in der Regel nicht allzu geschickt an.

Insgeheim verfluchte ich mich dafür, dass ich überhaupt bei diesem dämlichen Torwandschießen mitgemacht hatte. Wieso konnte ich nicht im Schatten unter der Kastanie sitzen und Kaugummi kauen wie die anderen Mädchen?

„Feige“, spottete Linda.

Wie um meiner Schmach beizuwohnen, kam eine Taube aus der Luft herangesegelt und ließ sich mit gespreizten Flügeln auf einen hohen Ast sinken. Es handelte sich um ein zerrupftes Geschöpf, das nun aus schwarzen Perlenäuglein auf mich herabstierte. Ein böses Omen. Ich hatte einmal gelesen, dass Krähen und Raben den Soldaten in die Schlacht folgten, um sich an den Eingeweiden der Gefallenen zu mästen. Ob das auch für Ringeltauben galt?

„Oh mein Gott, sie tut es wirklich!“, rief Sabine und verschluckte sich vor Aufregung an ihrem Hubba Bubba.

„Ja, verdammt“, fauchte ich. „Kann jetzt wenigstens jemand Räuberleiter machen?“

Ich war mir nicht sicher, was ich erwartet hatte. Ein Spukschloss vielleicht. Eine verfallene Ruine, über deren Türmen Tauben wie Fledermäuse kreisten. Stattdessen: Gemüsebeete. Rechterhand erhob sich ein altes Zechenhaus in den azurblauen Himmel. Davor eine gespannte Leine mit weißer Wäsche, die leicht in der Brise zitterte. Weiter hinten schloss sich eine windschiefe Laube an das Wohngebäude an. Neben dem Eingang erspähte ich unseren Fußball in einem Gebüsch. Trotz der Mittagshitze lief mir ein kalter Schauer den Rücken hinunter. Womöglich war es auch kalter Schweiß. Angstschweiß.

Der Taubenvatta ist ein böser Mann, schoss mir die Warnung meiner Oma durch den Schädel. Der alte Griesgram liebte nur seine Tauben, das war allgemein bekannt. Kinder hasste er ganz besonders. Der Letzte, der sich auf das verbotene Terrain vorgewagt hatte, war der kleine Orhan gewesen, ein sonderbarer Knabe mit einem braunen und einem blauen Auge, der rennen konnte wie der Blitz. Seine Schnelligkeit hatte dem Kleinen jedoch nichts genützt. Man hatte ihn nie wieder gesehen …

Ich linste ein letztes Mal über die Schulter. Die Ringeltaube in der Baumkrone gab ein schwaches Gurren von sich. Ratten der Lüfte, kam mir eine weitere Bemerkung meiner Oma in den Sinn. Sie hasste Tauben. Dafür liebte sie Kinder.

Bevor ich es mir anders überlegen konnte, stiefelte ich los, mitten durch die Kohlrabi hindurch.

Der Wind hatte aufgefrischt, die Wäsche an der Leine wurde in unregelmäßigen Abständen wie von unsichtbaren Händen aufgebauscht. Der Sommer brütete irgendetwas aus. Ich wollte gar nicht erfahren, was es war, bloß schnell den verdammten Ball einsammeln und nichts wie weg …

„Furzknoten!“

Zuerst roch ich den Zigarettenqualm. Dann sah ich seine Augen. Schmale, schwarze Habichtaugen, die mich unter buschigen Brauen her eindringlich musterten. Nach und nach manifestierte sich im flirrenden Licht zwischen den flatternden Bettlaken das dazugehörige Gesicht: ein ausgemergeltes Antlitz mit Falten, so tief wie die Furchen der alten Backsteinmauer.

„Was ist los, Furzknoten, hat es dir die Sprache verschlagen?“ Der Garstige fabrizierte ein zahnloses Grinsen, das die Habichtaugen nicht ansatzweise erreichte. In seinem Mundwinkel qualmte eine Kippe, die wirkte, als wäre sie dort festgewachsen.

„Hilfe!“, krächzte ich und presste den Fußball wie einen Schutzschild an meine Brust.

Da ging eine Veränderung in dem Alten vor. Seine Lippen zogen sich in die Breite, und er begann, hemmungslos zu lachen.

„Harharhar“, wieherte der Taubenvatta, wobei Asche aus seiner Zigarette rieselte. „Harharhar!“

Ich war perplex.

„Was haben sie dir denn in den Tee getan?“, schniefte er und wischte sich die Stirn. „Was glaubst du wohl, was ich mit kleinen Eindringlingen wie dir anstelle, he?!“

„Ähm“, druckste ich und senkte den Blick auf meine Schuhspitzen. „Also werden Sie mir nichts zuleide tun?“

Der Alte wedelte mit der Hand. „Komm her, ich zeig dir was.“

„Wow“, staunte ich, als wir in den Taubenschlag traten. Von allen Seiten erklang ein munteres Flattern und Gurren. „Schicken Sie die aus, um geheime Botschaften zu überbringen?“

„So in der Art", antwortete der Taubenvatta mit einem Lächeln, das seinem runzeligen Gesicht beinahe etwas Jugendliches verlieh. „Willst du eine in die Hand nehmen?"

Ich nickte. Und ob ich das wollte. Ratten der Lüfte hin oder her, eigentlich hatte ich Tauben immer gemocht. Irgendwie mochte ich auch den Taubenvatta.

Der Alte schlurfte zu einem Käfig in der Ecke und öffnete das Gitter. Ganz hinten hockte ein blaugraues Vögelchen und zitterte vor Angst. „Pack ihn dir. Nur Mut!"

Ich steckte den Kopf in den Käfig, beugte mich weiter vor – und gefror. Blinzelte. Wie war das möglich? Hatte das Täubchen etwa ein braunes und ein blaues Auge?

„Der kleine Furzknoten hat schon viele Preise gewonnen", hörte ich den Alten hinter mir murmeln. „Er mag von schmächtiger Statur sein, aber er fliegt schnell wie der Blitz!"

Das Echo der Worte dröhnte mir wie gedämpft in den Ohren. Es verstrichen mehrere Sekunden, bis ihre Bedeutung in meinen Verstand sickerte und mir die Haare zu Berge stehen ließ. Kaltes Grauen presste mir das Herz zusammen. Ich fuhr herum. Starrte in das Antlitz des Alten, dessen breitem Lächeln plötzlich etwas Verschlagenes anhaftete. Hechtete an ihm vorbei zur Tür.

„Wo willst du hin, Furzknoten?", war das Letzte, was ich vernahm, während ich quer über die Beete davonwetzte.

Meine Eltern blickten alarmiert auf, als ich atemlos und kalkweiß vor Schreck ins Haus taumelte. Dabei waren sie mit mir so einiges gewohnt. Ich stellte ja oft komische Sachen an und hatte diesen angeborenen Hang zur Theatralik, der ihnen bisweilen ein nachsichtiges Schmunzeln entlockte. Doch heute, heute war irgendetwas anders.

„Was ist passiert?“, fragte Mutter, und eine leise Besorgnis schwang in ihrer Stimme mit.

„Der Taubenvatta ist ein böser Mann“, flüsterte ich, floh auf mein Zimmer und zog mir die Decke über den Kopf.

Danach brachte ich sieben Tage lang kein Wort mehr heraus. Was hätte ich auch sagen sollen? Man hätte mir ohnehin nicht geglaubt. Stattdessen begann ich, die Krusten von meinen Pausenboten abzuzweigen. Sonntags beim Frühstück ließ ich heimlich ganze Brötchen in meiner Tasche verschwinden. So hatte ich immer etwas dabei, falls mir unterwegs ein paar ausgehungerte Täubchen begegneten.

Ich kannte es nun, das Geheimnis des Taubenvattas. Er war ein böser Zauberer, der Kinder in Vögel verwandelte. Tagsüber mussten sie ihm zu Diensten sein, nachts kreisten sie wie Fledermäuse um seinen Turm. Wie durch ein Wunder war ich knapp davongekommen. Der kleine Orhan hatte offensichtlich weniger Glück gehabt.

An einem Mittwochmorgen wurde ich von Herrn Koslowski auf frischer Tat ertappt. „Haben deine Eltern dir nicht beigebracht, dass man diese Mistviecher nicht füttern darf?“, schimpfte er. „Die sind eine Pest! Man sollte sie alle ausrotten!“

„Haben Sie denn gar kein Herz?“, schrie ich zurück und streute demonstrativ eine Extraportion Brotkrumen auf die Straße.

Linda und Sabine nannten mich fortan nur noch „die Tauben-Trulla“. Ich ließ mich davon nicht beirren. Denn ich wusste, dass in jedem meiner gefiederten Freunde eine menschliche Seele stecken konnte.

Michael Hüter
1962 in Rheinhausen geboren, aufgewachsen im Dorf Friemersheim am Rhein. Lebt als freier Karikaturist mit Frau und zwei Söhnen in Bochum-Wattenscheid. „Siedler" Hüter ist Schriftführer der Siedlergemeinschaft Sommerdelle und beackert – angeleitet von seiner Frau – den Familiengarten. Hat von Fußball keine Ahnung und bevorzugt sportliches Holzhacken, Bogenschießen und Segeln. [www.hueter-karikatur.de]

NULL NEUN NULL NEUN...
GLÜCK AUUF..
OHEE OHEE
WAS FÜR'N VEREIN?
SIEHT NICH' WIE 'NE ZECKE AUS?
ODER BISSE ROT-WEIß?
IN WELCHET STADION GEHSE?!
?!
EY!
ICH RED' VONNE OPER!
DAS RUHRGEBIET:
VIEL MEHR ALS FUßBALL

## Heinrich Peuckmann
## Der brennende Himmel

Heinrich Peuckmann lebt in Kamen. Schreibt Romane, Krimis, Erzählungen, Gedichte, Hörspiele und Essays. Er ist Mitglied im Verband deutscher Schriftsteller und im PEN, in dessen Präsidium er 2013 gewählt wurde. Bekannt geworden ist seine Reihe mit Ruhrgebietsromanen (*Flucht in den Berg*, *Die Schattenboxer*, *Saitenwechsel*, *Leere Tage*) und seine Krimireihe um den pensionierten Kommissar Bernhard Völkel, der wider Willen in gefährliche Abenteuer gerät. Zuletzt erschien in dieser Reihe *Schwarze Tage* (2018). Mit *Gefährliches Spiel* (2018) hat Peuckmann drei Fußballnovellen veröffentlicht, die menschliche Abgründe in der Zeit des Totalitarismus zeigen. Beachtung fand sein Lyrikband *Nicht die Macht der Steine* (2017).

Eine meiner ersten Lesungen fand in den frühen 70ern in einem Kneipensaal in Hörde statt. Als ich spät am Abend den Saal verließ, brannte über der Stadt der Himmel. Ungläubig schaute ich hinauf. Kein schwarzer Nachthimmel über mir, kein Sternenschein, stattdessen ein blutroter Himmel, als wäre er zu Tode verwundet. Im Stahlwerk Phoenix, dort, wo sich jetzt der See ausbreitet, wurde Stahl abgestochen. Ich kannte dieses Leuchten von Ferne, an manchen Tagen schimmerte es rosa bis nach Kamen. Aber direkt über mir, in brennendem Rot, das war noch ein anderer Eindruck, den ich nicht vergessen habe.

Als ich irgendwann eine Emscherbrücke überquerte, ich glaube, es war bei Herne, blickte ich in den Fluss und sah, dass er lila gefärbt war. Tatsächlich, es war ein lila Fluss, der da unter mir hinwegfloss und der auch noch ätzend roch. Unvorstellbar! Was war das für ein Zeugs, das da in die Emscher gekippt worden war? Ich weiß noch, wie mir schauderte bei dem Gedanken, mich könnte ein Schwindel erfassen und ich könnte in den Fluss stürzen. Wie lange könnte man in diesem Dreckswasser überleben?

Die Tage in meiner Kindheit waren immer etwas diesig. So gut wie nie war der Himmel über unserem Bolzplatz, auf dem wir selbstvergessen Fußball spielten und Freundschaften pflegten, die teilweise bis heute halten, strahlend blau. Daran erinnerte ich mich wieder, als ich einen Roman schrieb, der zu jener Zeit im Ruhrgebiet spielt.

Manchmal, wenn auf der Kokerei Monopol ein Abstich durchgeführt wurde, roch es dazu auch noch schweflig. Meine Mutter musste dann in den Garten rennen und die Wäsche abhängen, die sie zum Trocknen über Nylonseile gelegt hatte, weil Rußpartikel in der Luft schwebten. Andernfalls hätte sie noch einmal waschen müssen. Heute toben in meinem Garten regelmäßig Eichhörnchen herum.

Im Herbst sammeln sie Nüsse, ich freue mich, wenn ich sie sehe, obwohl es mehrfach an jedem Tag geschieht. Kinder, das bemerke ich nebenbei, interessieren sich dafür nur mäßig. In meiner Kindheit habe ich niemals Eichhörnchen in meiner Nähe gesehen. Schön, dass es für heutige Kinder inzwischen selbstverständlich ist.

Platz für nostalgische Gefühle? Neee, wirklich nicht, auf gar keinen Fall! Aber ich bin immer noch hier, bin immer noch im Ruhrgebiet. Warum eigentlich?

Die Kultur könnte ich nennen. Es gibt wenige Regionen mit einem so dichten Netz an Kultureinrichtungen. Dortmund hat ein Theater, eine Oper, ein Ballett. In Bochum ist das Theater schon seit meiner Studienzeit an der RUB Spitzenklasse, überall gibt es Museen. Und wenn ich das alles leider viel zu selten nutze, weil ich selber so viele Literaturtermine habe, könnte ich doch dorthin gehen. Borr, ey.

Aber da ist sofort die Einschränkung, dass das alles so schrecklich wenig in den Leuten lebt. Mit wem kann ich Gespräche über einen Theaterabend, über eine Ausstellung führen? Jede Lesung im Revier ist ein Kampf um jeden Zuhörer. Und wie ist es mit meinen Büchern?

„Ich kenne Sie", höre ich manchmal von Leuten, die ich nicht kenne. Die Frage, ob sie was von mir gelesen haben, stelle ich mir schon gar nicht mehr, denn ich weiß, wie sie fortfahren: „Ich kenne Sie aus der Zeitung."

„Sie sollen mich nicht aus der Zeitung kennen, sondern meine Bücher lesen", antworte ich und weiß längst, was folgt: „Dazu habe ich keine Zeit."

Kamen, wo ich wohne, hat schon 1847 mit der Köln-Mindener-Eisenbahn Anschluss an das Zugsystem bekommen. Vor der Stadt gibt es die „Fünfbogen", eine fünfbogige Eisenbahnbrücke über die Seseke, ein Industriedenkmal ersten Ranges, auf das die Stadt stolz hinweisen könnte. Aber was macht man hier daraus? Sie lässt hässliche Lärmschutzwände darüber bauen, die natürlich längst mit noch hässlicheren Graffitis verunstaltet wurden. Aus einem schönen Industriedenkmal wurde ein Schandfleck. Regt sich jemand in der örtlichen Politik darüber auf? Kein Gedanke daran. Was hier alles gedankenlos kaputt geschlagen wird … Estetik is nich … Nee, also ährlich, hätte Jürgen von Manger gesagt.

„Um Erfolg mit deiner Literatur zu haben, wohnst du in der falschen Region", sagt mein Freund, der selber ein großes Kulturzentrum in einer großen Ruhrgebietsstadt leitet.

Aber Solidarität ist in den Köpfen der Menschen fest verankert, das finde ich gut. Solidarität wird hier mit der Muttermilch eingesogen. Ohne Solidarität wäre die gefährliche Arbeit unter Tage niemals zu überstehen gewesen. Wenn ich mal auf die Schnauze falle, weiß ich, kommt garantiert jemand angerannt, um mir zu helfen. Darauf kann ich mich verlassen. Ob es etwas hilft, ist eine andere Frage, aber versucht wird es. Borr …

Umgekehrt darf man den Kopf aber nicht nach oben rausstrecken. Solidarität mit dem Schwachen, das ja, aber Stolz auf irgendwelche Leistungen? Hans Tilkowski, bester Fußballer im Revier, wäre ansprechbar für soziale Projekte, aber wird er das auch? „Ich bin hier wie ein Putzlappen", sagte er mal zu mir. „Wenn man mich braucht, holt man mich aus der Ecke, danach wirft man mich wieder dorthin."

Irgendwie können wir das nicht, auf unsere Stärken hinweisen. Das liegt an unserem mangelnden Selbstbewusstsein. Auch dazu hat Tilkowski einen schönen Satz gesagt: „Wenn wir Ruhrgebietler mit ein Meter fünfzig Größe durch eine zwei Meter hohe Tür gehen, ziehen wir noch den Kopp ein."

Also nee …

Zu den Trümpfen des Reviers zähle ich auf jeden Fall unsere Treuherzigkeit. Jeder kennt ähnliche Situationen wie diese. Der Ort, an dem ich eine Lesung halten soll, liegt in der Nähe des Bahnhofs. Also kann ich gut mit dem Zug dorthin fahren. Aber der Bahnhofsvorplatz ist unübersichtlich. Wohin muss ich mich jetzt wenden? Ich frage jemanden, der gerade vorbeigeht. Und der versucht, es mir zu erklären. Also, jetzt rechts bis zur nächsten Ampel, dann links und an der nächsten Kreuzung wieder rechts … und spätestens da kommt er sprachlich durcheinander und sagt: „Ach, weißt du was? Ich muss sowieso in die Richtung, da komm ich ein Stück mit."

Und auf dem Weg erzählt er mir seine halbe Lebensgeschichte, dass er sich mit seiner Tochter gestritten hat, dass seine Frau wieder gesund ist, und als wir uns trennen, habe ich das Gefühl, einen neuen Freund zu haben. Er hatte Vertrauen zu mir, heißt das. Er hatte ein positives Menschenbild. Das ist viel in einer Welt wie unserer!

Und man kann, was ich liebe, im Ruhrgebiet ironisch sein. Gut, wir verstehen Ironie nicht immer, das ist richtig, aber wenn wir sie verstehen, dann lachen wir. Laut und ausgelassen. Und wir haben sogar die Steigerung von Ironie drauf, nämlich Selbstironie. Wir können über uns selber lachen. Das muss man mal in Schwaben versuchen, ein Witzchen, eine ironische Bemerkung. Es kann einem passieren, dass man angeschaut wird, als hätte man nicht alle Tassen im Schrank. Spätestens solche Erfahrungen vermiesen mir dann die schöne Landschaft, etwa am Bodensee, und ich sehne mich zurück in den Pott, der, dies nebenbei, immer mehr zu einer grünen Oase wird. Also auch zu einem Gebiet mit schönen Landschaften. Borr …

Zu Ironie und Selbstironie ein Beispiel. Vor einiger Zeit lief mein Sohn mit seiner Vereinsstaffel bei westdeutschen

Meisterschaften in der Dortmunder Körnig-Halle. Weil die Staffelwettbewerbe spät stattfanden, kamen wir an, als die Veranstaltung schon lief. Ich suchte vergeblich nach einem Parkplatz und musste schließlich in einem Parkhaus parken. „Drei Euro", sagte der Parkwächter am Eingang.

„Mensch, der soll hier in der Staffel laufen, der ist Programm. Wieso soll ich dafür noch Geld bezahlen."

Der Parkwächter schüttelte den Kopf. „Is halt so, Meister."

„Wenn der jetzt schlecht läuft", sagte ich, „dann kriegt der heute kein Abendessen und kommt in den Keller."

Der Parkwächter grinste.

Es ging gut, die Staffel des VfL Kamen landete im vorderen Drittel, nicht schlecht für einen kleinen Verein. Und direkt auf dem Platz hinter ihr, verriet die Anzeigentafel, landete die Staffel von Schalke 04. Ich sprang auf, zeigte auf die Tafel und rief: „Laufen können sie auch nicht."

Der Jubel war grandios, anhaltender und lauter als bei den Wettkampfsiegern. Wir waren schließlich in Dortmund.

Später, als wir zurück in das Parkhaus kamen, hatte ich den Anfang der Geschichte schon vergessen, nicht so der Parkwächter. „Na", grinste er, „muss er jetzt in den Keller?"

Dafür liebe ich das Ruhrgebiet. Borr …

Aber die Kulturferne, das Prolohafte, wenn es grobschlächtig und nicht liebevoll hilflos zugeht, dann habe ich wieder Lust, abzuhauen. Wenigstens für ein paar Tage. Aber wenn ich dann woanders bin, was kommt mir wieder ins Gedächtnis? Borr, ich werd dat nich los …

## Inge Meyer-Dietrich
## Zukunft. Vergessen

Inge Meyer-Dietrich, seit 1986 freie Autorin; über 30 Buchpublikationen großteils für junge Leser. Zahlreiche Auszeichnungen im In- und Ausland, u. a. der Literaturpreis Ruhrgebiet für das Gesamtwerk. In ihrem Roman *Plascha* schildert sie das Leben einer Bergarbeiterfamilie im Ruhrgebiet der Jahre 1917–1919; in *Leben und Träume der Mimi H.* geht es um eine Frau an der Ruhr zwischen 1909 und 1933, die sich durch schwierige Zeiten kämpft und dabei ihre Träume nicht aufgibt; Teil II, *Eisengarn*, erzählt Mimis Geschichte weiter bis in die Nachkriegszeit; außerdem zusammen mit Anja Kiel, *Die Hüter des Schwarzen Goldes*, ein Fantasy-Ruhrgebietsroman. Inge Meyer-Dietrich lebt mit ihrem Mann in Gelsenkirchen, die drei Kinder sind erwachsen, beide Töchter ebenfalls schriftstellerisch tätig. [www.ingemeyerdietrich.de]

Ein milder Sommerabend. Ich möchte noch was unternehmen, zumal meine Mutter mir für ein paar Tage ihr Auto geliehen hat und ich nicht auf öffentliche Verkehrsmittel angewiesen bin. *Monument for a Forgotten Future* fällt mir ein. Schon lange will ich mir das Emscher-Kunstwerk ansehen. Den *Singenden Felsen* auf der *Wilden Insel* zwischen Gelsenkirchen und Essen. Ich hatte darüber gelesen und es dann doch wieder vergessen. Dabei macht schon der Name neugierig. Denkmal für eine vergessene Zukunft. Ein herausforderndes Paradox. Rätselhaft. Ich stecke meine Kamera ein und fahre los. Vielleicht gelingen mir bei Sonnenuntergang ein paar schöne Fotos.

Ich gehe den Weg über die Schleusen des Rhein-Herne-Kanals und steige eine Treppe hinauf zum Plateau der *Wilden Insel.* An deren Spitze, nur einen Katzensprung von den Stufen entfernt, unübersehbar das Kunstwerk. Wie ein riesiger gemütlicher Dickhäuter, so, als hätte es immer schon dort gestanden. Was für eine ausgefallene Idee, denke ich, eine Bergformation aus dem Joshua-Tree-Nationalpark in Kalifornien originalgetreu nachzubilden. Aus seinem Inneren Musik klingen zu lassen. Mit einer Symphonie von Mogwai, hieß es in dem Artikel. Mit einem Lied für die Emscher, die über Jahre hinweg aus einem scheußlichen Abwasserkanal wieder zu einem natürlichen Fluss umgebaut wird.

Und dann seh ich den Jungen. In Muskelshirt, Jeans und Turnschuhen tanzt er mit geschlossenen Augen. Ich will wieder gehen, um ihn nicht zu stören. Will später noch einmal wiederkommen. Doch ich kann mich von seinem Anblick nicht losreißen. Er tanzt völlig selbstvergessen, tanzt eine verwegene Mischung aus Akrobatik und einem Tanzstil, den ich so noch nie gesehen habe. Die überraschenden Bewegungen, der vollkommen konzentrierte Gesichtsausdruck. Ich bleibe stehen wie festgewachsen. Und halte die Luft an, als der Junge ein Stück die Felswand hochläuft, um nach ein paar schnellen Schritten mit einem Salto rückwärts wieder auf dem Boden zu landen.

Mich nimmt er nicht wahr oder sieht durch mich hindurch. Erst als er aus einem neuen Sprung heraus zum Stehen kommt und sich an den künstlichen Felsen lehnt, trifft sein Blick mich unvermittelt, und er sieht mich prüfend an.

„Entschuldigung, dass ich ..."

Er lässt mich nicht weiter zu Wort kommen, fragt atemlos und mit leuchtenden Kinderaugen: „Hat es Ihnen gefallen?"

Ich kann nur nicken.

„Bei schönem Wetter komme ich abends oft hierher", erklärt er. „Der Platz hat was ... keine Ahnung, was Überirdisches vielleicht." Er lacht verlegen.

„Wenn Sie so tanzen wie gerade eben, ganz bestimmt", gebe ich zurück.

„Sagen Sie du, ich bin erst sechzehn. Und warum sind Sie heute Abend hier?"

„Um das Kunstwerk kennenzulernen. Und um Fotos zu machen."

„Dann waren Sie noch nie am *Singenden Berg*?"

„Noch nie. Und du brauchst mich auch nicht zu siezen. Bin gar nicht viel älter als du. Ich heiße Anna."

„Und ich Mesut." Er berührt den Felsen mit beiden Händen. Sanft, beinah zärtlich. „Er ist warm", sagt er. „Der Fels ist warm von der Sonne. Fühl bloß mal."

Ich fühle. Fühle die Sonnenwärme und fühle Sympathie für Mesut.

„Kaum zu glauben, dass es kein natürlicher Berg ist", sagt er. „Zwölf Meter hoch. Respekt vor den Künstlern."

Wie selbstverständlich setzen wir beide uns nebeneinander auf den Boden, angelehnt an die warme Felswand. Es ist still um uns herum. Nur die leise Musik von Mogwai, das Lied der Emscher, kommt wie ein uraltes immerwährendes Murmeln aus dem Innern des Felsens.

Wir sehen der Sonne zu, wie sie hinter den Horizont rutscht. In ihrem letzten Licht sind wir Teil der Stille, die uns umgibt.

„Das ist doch echt … überirdisch, oder?“, flüsterte Mesut neben mir. „Wenn wir noch etwas warten, kommen die ersten Sterne raus. Vor ein paar Wochen … nicht lachen, hab ich hier sogar leuchtende Käfer fliegen sehen.“

„Glühwürmchen?“, frage ich.

„Wenn die so heißen. Kannte ich nicht. Ich dachte, ich hätte geträumt.“

„Genau das hab ich gedacht, als ich dich tanzen sah“, sage ich.

Sein Kichern. Und plötzlich sein ernstes Gesicht. „Sie … du hältst mich bestimmt für verrückt?“

„Nein. Kein bisschen. Ich hätte dich gerne noch länger tanzen sehen.“

Er nickt langsam. Schweigt eine Weile.

„Ist das eine besondere Art von Modern Dance, was du tanzt?“, frage ich.

„Modern Dance und ein bisschen Parkour. Ach, alles Mögliche. Ich mag auch Ballett.“

„Willst du das Tanzen zum Beruf machen?“

„Ja“, sagt er, ohne zu zögern. „Ich will Tänzer werden. Und raus aus dem Ruhrpott. Am liebsten nach Berlin.“

Ich zucke zusammen. Wieder einer, der weg will. Weg aus dem Ruhrgebiet. Wie meine engsten Freunde aus der Schulzeit. Laura, Philipp, Lena.

„Alle wollen nach Berlin“, sage ich heftiger als beabsichtigt und erinnere mich daran, dass ich ja selbst schon mal auf dem Sprung war.

Mesut zuckt mit den Achseln. „In Berlin hat man als Tänzer bestimmt bessere Chancen. Berlin ist … ich weiß nicht … einfach krasser."

„Komm", sage ich, „hier gibt es die Folkwang Universität der Künste und PACT Zollverein …"

„… und ein tolles Ballett am Musiktheater. Ich weiß, ich weiß. Trotzdem. Ich glaube, dass mit meiner Art zu tanzen für mich in Berlin mehr drin ist. Dass man da überhaupt mehr Möglichkeiten hat. Und ich wäre weit weg von der Familie."

Ich sehe ihn fragend an.

„Die sind eigentlich okay. Aber dass ich Tänzer werden will, verstehen sie einfach nicht."

„Dann wissen sie auch nicht, dass du so oft hier bist, um zu tanzen?"

Er schüttelt den Kopf. „Mein Vater hat mich im Fußballverein angemeldet, als ich fünf war. Hat mich auch oft mit ins Stadion genommen. Es gab da einen türkischen Ersatztorwart und türkische Spieler. ‚Als Fußballer kann auch ein Türke hier im Pott richtig was werden', meint mein Vater. Die Altintops und Mesut Özil sind ja sogar in Gelsenkirchen geboren."

„Du hast also früher Fußball gespielt?"

Wieder sein Kopfschütteln. „Nur ganz kurz. Fußball ist einfach nicht mein Ding. Jedenfalls nicht so, dass ich selber spielen wollte." Mesut sieht mich von der Seite an. „Und was ist mit dir?"

„Ich studiere in Bochum Literatur."

Er überlegt einen Moment. „Was willste denn später damit machen? Bücher schreiben?"

Ich muss lachen. „Ich möchte Kulturjournalistin werden. Am liebsten bei 'ner Zeitung. Schreiben über Konzerte, Theaterstücke, neue Bücher … und über Tänzer wie dich."

Mesut grinst. „Aber hier gibt's doch sowieso nur die WAZ. Glaubst du, die warten auf dich?"

„Wir haben auch noch die Ruhr Nachrichten in Dortmund", sage ich ärgerlich. „Und wer weiß, vielleicht ..." Dabei glaube ich ja selbst nicht, dass sich nach dem großen Zeitungssterben der vergangenen Jahre plötzlich bei uns neue Zeitungsverlage ansiedeln. „Ich will hierbleiben", sage ich wie ein trotziges Kind. „Ich mag das Ruhrgebiet."

„Ich mag es auch. Und ich hab den totalen Respekt vor meinem Vater. Wie der geschuftet hat, früher unter Tage. Aber seit sie die Zechen hier dichtgemacht haben ..." Mesut kneift die Lippen zusammen und starrt vor sich hin.

„Seitdem ist dein Vater arbeitslos?"

„Genau. Vorzeitige Rente nennen sie das. Klar, dass er deshalb Angst um mich hat. Und er versteht eben nicht, wie ich ticke. Nervt von wegen Zukunft. Tanzen ist für ihn keine ehrliche Arbeit. Ha! Dabei haben sie ihm seine ehrliche Arbeit doch einfach weggenommen. Zack. Aus und vorbei. Zukunft. Ich denke an nichts anderes. Heimlich geh ich in jede Ballettaufführung am Musiktheater. Heimlich nehme ich Tanzunterricht von dem Geld, das ich mit kleinen Jobs verdiene. Und ich hasse diese Heimlichtuerei." Wieder starrt Mesut vor sich hin.

Dann hör doch damit auf, will ich sagen, da redet er schon weiter.

„Wenn ich hier für mich allein am *Monument for a Forgotten Future* tanze, gucke ich manchmal rüber Richtung Zeche Nordstern, wo mein Vater gelernt hat. Da ..." Er sieht mich herausfordernd an, „da erinnere ich mich an meine Zukunft."

Mesut verstummt und zeigt in den Abendhimmel. Erste Sterne blinken. „Ich muss los", sagt er und springt auf. Wirbelt davon.

Ich bleibe sitzen. Immer noch an den warmen Felsen gelehnt. Immer noch mit dem Satz im Ohr: Am liebsten nach Berlin. Dem Satz, der mich so wütend macht. Wenn so viele abhauen, was bleibt denn dann?

Mir fallen sofort etliche Initiativen ein und unsere Nachbarschaftsfeste im Stadtteil, wo sich Junge und Alte, Kreative, politisch Aktive und einfach die Leute von nebenan treffen. Egal, woher sie mal ins Ruhrgebiet gekommen sind. Wo wir zusammen feiern. Wo ein Wir-Gefühl deutlich spürbar ist.

Und dann weiß ich wieder, warum ich das Ruhrgebiet nicht nur mag, sondern auch an seine Zukunft glaube. Trotz vieler Zweifel. Ich weiß wieder, es braucht das Wir-Gefühl nicht nur an Festtagen. Es braucht vielleicht auch immer wieder den Zorn als Motor. Und Ideen, Geduld, Ausdauer. Der Emscherumbau ist auch nicht von heute auf morgen zu schaffen. Und doch ist längst schon zu sehen, dass er gelingt.

Ich stehe auf und lege beide Hände an die Felswand wie Mesut, überzeugt davon, dass wir sie hinkriegen, die Zukunft.

Ich fühle die Kamera in meiner Tasche. Hab vergessen Fotos zu machen. Egal, denke ich. Morgen.

DIE BÜHNE DER STADT BOCHUM

INTENDANT: HANS SCHALLA

# *Hannibal*

Tragödie von Christian Dietrich Grabbe

Inszenierung: Hans Schalla
Bühnenbild: Walter Gondolf
Kostüme: Therese van Treeck
Bühnenmusik: Emil Peeters

**Klaus Gruhn**

## „Theater anne Ruhr"? – Wie ich das Theater im Ruhrgebiet kennen- und lieben lernte

Klaus Gruhn, geboren 1933 in Gelsenkirchen, aufgewachsen in Dortmund, nach dem Studium der Philologie Familiengründung und Schuldienst in Münster, Mailand und, von 1976–1997, als Leiter des Gymnasiums Laurentianum Warendorf. Herausgabe von Texten westfälischer Schriftsteller, zahlreiche Veröffentlichungen zur regionalen Schul- und Kulturgeschichte.

Eine Jugend in Dortmund zwischen Währungsreform 1948 und Abitur 1953. Aufbruch aus Trümmerzeiten. Und dazu gehörte, man mag es kaum glauben, ein überraschendes Liebeserwachen, eine Liebe zum Theater.

In der Schule hatten wir bis zum Abitur wie die Fabrikarbeiter „Wechselschicht", den wöchentlichen Unterrichtswechsel zwischen Vor- und Nachmittag, denn zwei Schulen, das Helmholtz- und das Max-Planck-Gymnasium, mussten sich ein Gebäude an der Münsterstraße im Norden Dortmunds teilen. Willy Scholz wurde unser Deutschlehrer. In Berlin aufgewachsen, von Max Reinhardt, Kortner und Piscator schwärmend, als Offizier den Krieg überstanden, in zweiter Ehe verheiratet mit einer jungen hübschen Frau, übertrug er mit orgelnder Bass-Stimme seine Theaterliebe auf uns, die Kinder des Ruhrgebiets, in einer Klasse, in der nur ein Schülervater Akademiker war. Sein Unterricht gipfelte in herausfordernden Dramenlektüren. Die sollten anschaulich werden durch Theaterbesuche. Wo konnten sie stattfinden? Bevor der erste Teil des zerstörten Stadttheaters Dortmund, das heutige Schauspielhaus, im November 1950 mit Beethovens *Fidelio* wieder eröffnet wurde, war die Aula der Pädagogischen Hochschule an der Linnemannstraße Dortmunder Theaterspielstätte. Nicht ein Musentempel, eher ein provisorisches „enges Bretterhaus" war die Bühne, auf der sich mir eine neue, unbekannte Welt zu erschließen begann. Dort hatte der Nachkriegsintendant Walter P. Jacob Schillers *Maria Stuart* zum 150. Jahrestag der Erstaufführung inszeniert, nicht gerade den bequemsten Einstieg in das „große Welttheater" für einen Siebzehnjährigen.

Das eigentliche theatralische Schlüsselerlebnis fand aber in Bochum statt. Dort stand seit Februar 1950 Schillers große Geschichtstragödie *Wallenstein* an jeweils zwei Abenden auf dem Programm. Das müssten wir erleben, meinte Scholz, dort seien mit Hans Schalla der beste Intendant weit und breit tätig und die besten Schauspieler sowieso.

Spielstätte im zerstörten Bochum war der Saal des „Parkhauses“. Wie konnte man dorthin kommen? Ein Fahrzeug war über den durch Schulunterbrechungen ältesten Klassenkameraden Werner aufzutreiben, der soeben als nebenberuflicher Verkaufsfahrer einen Führerschein erworben hatte. Es war dies der Lieferwagen der väterlichen Likörfabrik Hans Alt. Der fahrende Schüler vorn, daneben Willy Scholz, alle anderen auf Holzkisten eng im hinteren Laderaum sitzend, so ging es von nun an bis zum Abitur immer wieder zum Parkhaus Bochum. Als wir schließlich in der Oberprima im Vorspiel auf dem Theater in Goethes *Faust* die Anweisung des Theaterdirektors an den Dichter lasen, er solle auf der Bühne „den ganzen Kreis der Schöpfung“ ausschreiten und auf ihr „vom Himmel durch die Welt zur Hölle“ wandeln, war das für uns in Bochum schon erlebte Wirklichkeit geworden.

Die Namen der Schauspieler bedeuteten uns zunächst noch nichts, doch sofort schlugen uns ihre Wortmächtigkeit und ihr Spiel in Bann. Später erkannte man, dass wir eine Reihe der größten Mimen der Zeit im Parkhaus Bochum erlebt hatten: Den Wallenstein von Adolf Gerstung, den hinreißenden jungen Rolf Henniger als Max Piccolomini und die zarte Rosel Schäfer als Thekla. Das blutrünstige Spiel von Verrat, Ehrgeiz und Amoral verkörperte in Shakespeares *Macbeth* Bernhard Minetti neben Leonore Fein als seine Lady. Hannes Messemer als Rüpel und Gustav Rother als Sir Fieberwange begegneten uns in Shakespeares *Was Ihr wollt*. Und dann war da noch die denkwürdig gebliebene Aufführung des „unspielbaren“ *Hannibal* von dem trunksüchtigen Dichtergenie Christian Dietrich Grabbe mit seiner Bilder- und Erlebnisflut und dem unvergesslich einprägsamen Alfred Schieske in der Titelrolle. Dass wir 1952 auch die Ruhrfestspiele in Recklinghausen besuchten, um in der deutschen Erstaufführung von Christopher Frys *Der Erstgeborene* den Stars Bernhard Minetti, Gisela von Collande, Werner Hinz und Harry Flatow zuzujubeln, wen wundert das? Und wen wundert es, dass der damals so zum Theater geführte und verführte Schüler als Lehrer und Schulleiter fast vierzig Jahre später Jungen und Mädchen aus seinem Münsterländischen Gymnasium ins Schauspielhaus Bochum lockt?

Da sitzt er, wie einst sein Dortmunder Deutschlehrer, nicht mehr auf den harten Stühlen des Parkhauses nach einer Fahrt im Lieferwagen einer Likörfabrik, sondern nach 100 km Anreisen in bequemen Audis oder Passats in noch bequemeren Theatersesseln. Da spielen im Frühjahr 1988 Thomas Wittmann und Micheline Herzog als Romeo und Julia das immer neue, alte Spiel von der Liebe, die keinen Platz in der Welt hat und doch der Stoff ist, der in die Träume jugendlicher Zyniker oder Angepasster oder der vorletzten Erschütterbaren hineinzielt. Und er sitzt da mit ihnen im Herbst 1988, als sich der Bühnenvorhang öffnet zu den Szenen aus Deutschland, zu *Germania Tod in Berlin* des „Schreckenbeschreibers“ Heiner Müller. Und da sitzen wieder Siebzehnjährige, jetzt aus der satten Bundesrepublik, und sehen sich konfrontiert mit der deutschen Zerrissenheit, ein Jahr, bevor die Deutschen noch einmal eine Chance als Nation in Europa erhalten. Er, der nun so viel Ältere, blickt etwas scheu angesichts des Liebesspiels und des Todesspiels zu den Jugendlichen herüber, er erinnert sich an Max und Thekla und an Macbeth und seine Lady, und er weiß, warum er das Ruhrgebiet mit seinen Theatern so liebt …

Joachim Wittkowski

# Hui! und Pfui! der Theaterlandschaft Ruhrgebiet

Joachim Wittkowski unterrichtet am Städtischen Gymnasium Selm die Fächer Deutsch, Philosophie, Katholische Religion und Literatur, ist Fachleiter am Zentrum für schulpraktische Lehrerausbildung Hamm und Lehrbeauftragter am Germanistischen Institut der Ruhr-Universität Bochum.

**Hui! Ein frohgemutes Lob der blühenden Theaterlandschaft Ruhrgebiet**

Gepriesen sei die Theaterlandschaft Ruhrgebiet! Denn sie gehört zu den dichtesten weltweit und ist in ihrer Vielfalt in Deutschland nahezu einzigartig. Das ist schon deshalb bemerkenswert, weil es im Ruhrgebiet keine Tradition in der Nachfolge des feudal-repräsentativen Theaterbetriebs gibt und sich das Kultur- im Schatten des Industriegebiets entwickelt hat.

Gleichwohl kam es zu einer Vielzahl an Theatergründungen: In Dortmund sammelten Bürger das Startkapital für das 1907 eröffnete Stadttheater, das heutige Theater Dortmund mit seinen Sparten Schauspiel, Musiktheater, Ballett, Kinder- und Jugendtheater sowie Kinderoper. In Essen stifteten Industrielle das Gebäude und gewährten Zuschüsse zum Etat des 1912 eröffneten „städtischen Eigenbetriebs“, der als Theater und Philharmonie Essen heute das Grillo- und das 1988 als eigene Spielstätte für das Musiktheater und das Ballett eröffnete Aalto-Theater betreibt. Anders in Bochum: Hier war es die kommunale Verwaltungsspitze, die den Impuls für das 1919 eröffnete Stadttheater, das heutige Schauspielhaus Bochum gab. Schon 1887 hob sich der Vorhang der Tonhalle in Duisburg, die sich auch für Theaterdarbietungen nutzen ließ; seit 1956 betreibt die Stadt gemeinsam mit Düsseldorf die Deutsche Oper am Rhein. In Gelsenkirchen gab die Stadtverordnetenversammlung den Startschuss für das seit 1935 bespielte Stadttheater mit drei Sparten, aus dem das heutige Musiktheater im Revier hervorgegangen ist. Weitere städtische Bühnen wurden in Oberhausen (1920), das heute das Schauspiel bedient, und Hagen (1911) mit dem heutigen Mehrspartenangebot aus Sprech-, Musik- und Tanztheater ins Leben gerufen. Zu Neugründungen kam es sogar noch im letzten Viertel des

20. Jahrhunderts: Seit 1975 gibt es in Moers das Schlosstheater, das, wie es heißt, kleinste Stadttheater Deutschlands; und 1981 öffnete sich in Mülheim a. d. R. erstmals der Vorhang des Theaters an der Ruhr. Damit bieten heute gleich sieben städtische Bühnen Sprech-, fünf Musik- und fünf Tanztheater. Nicht zu vergessen ist zudem das sich aus öffentlichen Geldern speisende Westfälische Landestheater, das sich 1946 in Castrop-Rauxel niederließ, nachdem es zuvor in Paderborn beheimatet war. Und dann ist da noch die Burghofbühne Dinslaken, ebenfalls ein Landestheater, die seit 1951 spielt. Hinzu kommt als organisatorische Besonderheit das der Folkwang Universität der Künste angegliederte Folkwang Tanzstudio, das auf eine 1928 beginnende Geschichte zurückblickt.

Zudem besiedeln zahlreiche kommerzielle sowie professionell arbeitende Freie Theater die Theaterlandschaft Ruhrgebiet. Das kommerzielle Theater besitzt dabei die längste Tradition im Ruhrgebiet, denn in den Stadttheaterstädten gab es bereits vor (und teils auch noch nach) Eröffnung der kommunalen Bühnen Theaterunternehmer, die, teils mit der Genehmigung, sich Stadttheater nennen zu dürfen, ein meist auf Unterhaltungstheater und den Kanon der Klassiker konzentriertes Programm auf die Bühne brachten. Heute zeichnen sich die kommerziellen Theater durch Programme aus, die abseits des Stadttheaterbetriebs liegen. Das seit 1996 bespielte Colosseum Theater in Essen gehört wie das 1999 eröffnete Metronom-Theater in Oberhausen zu den Musical-Bühnen der Stage Entertainment Germany. Das ebenfalls von der Firma Stage betriebene Starlight Express Theater in Bochum lässt seit 1988 den Starlight Express en suite über die Bahn laufen. Die Theaterproduktion Thalia bespielt im Essener Theater im Rathaus seit 1991 den Boulevard. Und seit 2004 bringt der prinzipalgeführte Mondpalast Wanne-Eickel in Herne ruhrdeutsches Lachtheater auf die Bretter.

Einen Gutteil der Vitalität der Theaterlandschaft Ruhrgebiet machen die professionell arbeitenden Freien Theater aus, deren Gründung sich dem Engagement der Kreativen, der Regisseure, Schauspieler und Dramatiker, verdankt. Zu den ältesten dieser freien Bühnen gehören das Dortmunder Fletch Bizzel und das Herner Theater Kohlenpott, die seit 1979 die Theaterszene im Ruhrgebiet bereichern (Letzteres widmet sich seit 2006 dem Jugendtheater). Mit dem Theater Freudenhaus tritt seit 1986 eine Essener Bühne vor das Publikum, die auch Ursprung des seit 1992 firmierenden Theaters Courage ist. In Bochum haben sich 1991 das Prinz-Regent-Theater und 2009 das Rottstr5 Theater auf den Spielplan gebracht. Im Jahr 2001 öffneten sowohl das Dortmunder Theater im Depot als auch das Gelsenkirchener Consol Theater die Pforten. Für ein junges Publikum spielen seit 1997 das Helios Theater in Hamm und sogar schon seit 1976 das (unter dem Namen ReibeKuchenTheater gestartete) KOM'MA-Theater in Duisburg. Mit dem (stiftungsfinanzierten) PACT Zollverein in Essen (2002) und dem in Herne ansässigen Renegade Theater (2003) erweitern zudem zwei vielbeachtete Tanztheater die Palette. All diese Theater haben sich durch ihre Kreativität und Freude am Experiment nicht nur ihr Publikum erspielt, sondern auch immer wieder Anstöße gegeben, welche die Arbeit an den städtischen Bühnen befruchtet haben. Der Methusalem unter den kleinen Ruhrbühnen ist übrigens Das Kleine Theater in Essen, das sogar schon seit 1965 als Privattheater existiert.

Neben all dem haben die 1947 gegründeten Ruhrfestspiele Recklinghausen einen festen Platz im Festspielkalender eingenommen. Die erstmals im Jahr 1976 veranstalteten

Mülheimer Theatertage NRW Stücke und das 1985 (noch unter dem Namen Theaterzwang) gegründete Festival Freier Theater NRW Favoriten in Dortmund gehören ebenso zu den etablierten temporären Veranstaltungen wie seit 1977 die Duisburger Akzente und die seit 2002 in Bochum beheimatete Ruhrtriennale, die beide auch mit Theaterinszenierungen aufwarten.

Zur Theaterlandschaft Ruhrgebiet gehört zudem eine Infrastruktur, die für alle Sparten ein Studium ermöglicht. So bildet die Folkwang Universität der Künste in Essen und Bochum für die darstellenden Bereiche Musical, Oper, Schauspiel und Tanz ebenso aus wie für die Regie und die Choreographie sowie, als bundesweite Besonderheit, für das Physical Theatre. Und mit Blick auf weitere Theaterberufe wie den des Dramaturgen ist auch das Institut für Theaterwissenschaften der Ruhr-Universität Bochum nicht unwichtig. Beachtlich ist auch das seit 1996 organisierte Theater Total, ein Projekt, das jungen Menschen zwischen 18 und 29 Jahren erste Einblicke in die professionelle Theaterarbeit gibt.

Das alles ist schön (weil ein solch vielfältiges Angebot in Sachen Theater bildet und unterhält) und gut (weil es zur gesellschaftlichen und künstlerischen Diskussion beiträgt, längst auch ein ökonomischer Standortfaktor ist).

Vielfalt, Dichte und Qualität der Theaterlandschaft Ruhrgebiet brauchen in Deutschland keinen Vergleich mit anderen Regionen zu scheuen. Aber trotz allem, trotz großer Namen auf und hinter der Bühne und gerühmter Inszenierungen scheint es, als gelte Heinrich Bölls Feststellung aus dem Jahr 1958, das Ruhrgebiet sei noch nicht entdeckt worden, für die Theaterlandschaft noch immer.

## Pfui! Ein verdrießliches Lamento über Wahrnehmung und Darstellung der Theaterwelt im Ruhrgebiet

Beklagt sei, dass das Theater in der Darstellung des Ruhrgebiets wie in seiner öffentlichen Wahrnehmung eine eher kleine Rolle spielt! Vielleicht ist das so, weil das Ruhrgebiet außerhalb seiner Grenzen noch immer auf Ignoranz und Arroganz stößt und dank der mentalen Präsenz von Schwarz-weiß-Bildern in längst verblichenen Foto- und Lehrbüchern überwiegend als Industriegebiet identifiziert wird. Wohl auch, weil das Ruhrgebiet keine ausgesprochene Touristenregion ist. Sicher auch, weil die Theater im Ruhrgebiet nicht eben fußläufig voneinander entfernt liegen wie die im Londoner West End und ein wenig auch die in Berlin.

Umso mehr bedarf es der gemeinsamen Arbeit am Image. Zu selten und zu zaghaft nutzt man die Stärken dieser Theaterregion, ihre Vielfalt und Dichte. Zwar gab und gibt es Werbeverbünde einiger Theater („Ruhrbühnen“ etwa), was aber fehlt, ist eine umfassende Darstellung aller im Ruhrgebiet ansässigen professionell arbeitenden Theater. Die Internationale Bauausstellung Emscher Park (1989–1999) und die RUHR.2010 – Kulturhauptstadt Europas hätten die Möglichkeit geboten, ein starkes Stück Theater-Deutschland zu präsentieren, mit einem gemeinsamen Programmbuch zum Beispiel. Oder mit einem Revierbühnen-Label. Oder einer Route der Theaterkultur. Doch weder die Theater haben diese Chance gesehen noch die Manager von Kultur-Events, die oft lieber auf Einkaufstour gehen, um im Ruhrgebiet just das zu zeigen, was man auch anderswo sehen und hören kann.

Wünschenswerter wäre es, das in den Fokus der öffentlichen Aufmerksamkeit zu rücken, was die Stärken der Theaterlandschaft Ruhrgebiet ausmacht. Doch bis heute gibt es kein Museum oder Archiv, das sich dem Theaterleben des Ruhrgebiets widmete. Es gibt auch keine die ganze Region in den Blick nehmende Geschichte der Ruhr-Bühnen. Zwar hat es von „Theater im Revier“ bis „Schauplatz Ruhr“ wiederholt Versuche gegeben, ein Theaterjahrbuch Ruhrgebiet zu etablieren, doch sie alle wurden wieder aufgegeben, nicht zuletzt aufgrund mangelnder Resonanz – die zu fördern es allerdings auch kaum Anstrengungen gab, weder bei den Theatern selbst noch im Buchhandel noch in den regionalen Medien. Wo aber ist der Ort, an dem danach geschaut wird, wie sich Theater entwickeln, wie sie sich gegenseitig beeinflussen und anspornen? Es gibt auch keine monatlich erscheinende Theaterseite in den Zeitungen des Ruhrgebiets. Und für die Website „Metropole Ruhr“ des Regionalverbandes Ruhr mit gerade einmal dreizehn Links zu Theater-Websites liegt die Stärke der Theaterlandschaft Ruhrgebiet darin, dass „die Bewohner der Metropole […] in aller Regel ein Theater ‚um die Ecke‘“ hätten – just so, als ob es sich um Pommesbuden oder Tankstellen handelte.

Wahrlich, die Theaterlandschaft Ruhrgebiet hätte mehr verdient als solchen Kleingeist.

DIE BÜHNE DER STADT BOCHUM

INTENDANT HANS SCHALLA

IN NEUER INSZENIERUNG:

# DER HEILIGE DREIKÖNIGSABEND

ODER

# WAS IHR WOLLT

VON

WILLIAM SHAKESPEARE

IN DER DEUTSCHEN ÜBERSETZUNG VON JOHANN JOACHIM ESCHENBURG

INSZENIERUNG: ULRICH ERFURTH

DEKORATIONEN UND REQUISITEN: WALTER GONDOLF

MUSIK VON EMIL PEETERS

## Klaus D. Krause
## Ein Fisch namens Bruno

Klaus D. Krause kam 1953 in der Lünen nahe des Lippeufers zur Welt. Obwohl sein Geburtshaus wegen des sandigen Untergrunds eines alten Flussbetts abgerissen werden musste, blieb er der Lippe und Lünen während seiner Jugend treu. Erst das Journalistik-Studium verschlug ihn nach Dortmund, wo er anschließend als freier Journalist für die Presse und den WDR-Hörfunk arbeitete. 1984 kehrte er reumütig an seinen Fluss in die Lippestadt Haltern zurück und heuerte dort als Redakteur bei den Ruhr Nachrichten an. 1988 zog es ihn als Redaktionsleiter und später als Chefreporter zur Dorstener Zeitung, wo er seitdem direkt an der Lippe zuhause ist. Nach dem Abschied aus der Redaktion denkt er für seinen Lebensabend über einen Umzug nach Wesel nach – schließlich endet dort auch der Lippelauf im Rhein. Nach seiner Wiedergeburt plant Krause dann ein Comeback in Bad Lippspringe.

Mögen Sie Fisch? Ich auch. Doch es hat Jahrzehnte gedauert, bis ich die köstlich zubereiteten Wasserwesen auf meinem Teller zu schätzen lernte.

Das ist meiner Herkunft geschuldet. Ich wuchs an der Lippe auf, deren treuer Begleiter bekanntlich der Lippeseitenkanal ist. Ein Paradies für Angler. Und unser Nachbar, ein Arbeitskollege meines Vaters auf der Eisenhütte Westfalia, hatte eine neue Leidenschaft entdeckt: Er wurde nicht nur ein begeisterter, sondern auch ein sehr erfolgreicher Angler. Davon profitierte neben seiner Familie auch die Nachbarschaft. So kam es, dass es bei uns nun nicht nur freitags, sondern mitunter an zwei oder drei weiteren Wochentagen mittags Fisch gab. „Das ist nicht nur umsonst, sondern auch gesund“, pries meine Mutter ihren Speisezettel, „und ganz, ganz frisch.“

Aber leider nicht ganz, ganz lecker. Denn meine Mutter kannte nur zwei Methoden der Fischzubereitung: Entweder wurde das Tier in einer dickflüssigen Senfsauce ertränkt oder mit einem kolossalen Panade-Panzer umhüllt.

Als 11-Jähriger schwärmte ich für Fischstäbchen. Auch Brathering oder gelegentlich eine Scholle nahm ich hin. Nun aber begann ich zu murren. Die monotone Kanalkost trieb mir in Verbindung mit dem Kantinen-Effekt jegliche Essensfreude aus. Ich hatte sogar das Gefühl, mir wüchsen allmählich Kiemen.

Immerhin war es eine lehrreiche Zeit. Ich erfuhr von unserem Nachbarn alles über Rotaugen, Brassen, Alande, Schleie, Döbel und die anderen flossenbewehrten Gesellen, die sich im Kanal herumtrieben. Auch darüber, mit welchem Köder sich gelegentlich ein Hecht oder Barsch an den Haken locken ließ, lernte ich einiges. Meine Begeisterung hielt sich jedoch in Grenzen: Unser Nachbar konnte nie verstehen, warum ich nicht selbst zur Angel griff.

Nun aber nahte Heiligabend. Und ich freute mich auf unser garantiert grätenfreies traditionelles Festtagsmahl: Würstchen mit Kartoffelsalat. Doch am Vortag zogen plötzlich dunkle Wolken auf. Vormittags schellte es, und unser Nachbar stand vor der Tür: „Guck mal, Grete, heute habe ich etwas ganz Besonderes für euch: In der Frühe habe ich einen dicken Karpfen aus dem Wasser gezogen." – „Das ist ja wunderbar, den werde ich gleich morgen auftischen. Da freuen wir uns aber, was, Klaus?" Ich unterdrückte ein aufkommendes Würgen und schwieg.

Der Kühlschrank war voll, eine Tiefkühltruhe kannte meine Mutter nur vom Hörensagen. Also kam der Karpfen, wie so manche seiner Artgenossen, zunächst in die Badewanne. Es gab jedoch einen gravierenden Unterschied zu seinen Vorgängern: „Schau mal, Mutti, der lebt ja noch", rief ich, als der Karpfen plötzlich begann, in der halb mit Wasser gefüllten Wanne seine Kreise zu ziehen. „Das ist ja ein Ding!", staunte Mutter, „so einen frischen Fang hatten wir noch nie!"

Wie sich schnell herausstellte, gab es einen Haken. Mein Vater war mit unserem Nachbarn zur Spätschicht aufgebrochen und würde erst am späten Abend heimkehren. Und meine Mutter war zwar auf einem Bauernhof in Pommern groß geworden, scheute sich jedoch, Tiere zu schlachten. Was neben Schweinen und Hühnern auch für Karpfen galt.

Was nun? Den Fisch aus dem Wasser zu holen und ihn mit harten Schlägen auf den Kopf um die Ecke zu bringen, das brachten wir beide nicht fertig. Das Wasser abzulassen, damit er jämmerlich ersticken würde, erschien uns zu grausam. Und meine Idee, das Wasser unter Strom zu setzen, verwarf Mutter energisch. Nach langem angestrengten Nachdenken seufzte sie schließlich: „Was soll's? Ich werde

Papa einen Zettel hinlegen, damit er sich um den Karpfen kümmert, wenn er heute Nacht von der Arbeit kommt."

Bis dahin blieb noch viel Zeit. Ich schaute Bruno, wie ich den Karpfen inzwischen getauft, tief in die Glubschaugen. Was mochte in seinem Kopf wohl vorgehen? Ahnte er sein grausames Schicksal? Und vermisste er womöglich seine Karpfenfrau und die Karpfenkinder?

Ganz langsam reifte in mir ein Plan. Als meine Mutter am späten Nachmittag einkaufen ging, setzte ich ihn in die Tat um: Mit einem Eimer schöpfte ich Bruno samt ein paar Litern Wasser aus der Wanne. Dann stellte ich den Eimer auf den Gepäckträger meines Fahrrads und schob es vorsichtig die paar hundert Meter bis zum Kanalufer. Mit den Worten: „Und schnapp ja nicht noch mal nach einem Angelhaken" entließ ich Bruno in die Freiheit.

Am nächsten Morgen gab es Aufregung beim Frühstück. „Wo ist der Karpfen?", wollte meine Mutter wissen. „Welcher Karpfen?", fragte mein Vater zurück. „Ja, hast du denn meinen Zettel nicht gelesen?" „Ach, das meinst du. Aber die Wanne war leer, und ich dachte, ihr habt das doch noch selbst hingekriegt."

Nach einigem Rätselraten darüber, ob ein dicker Karpfen sich durch einen engen Abfluss zwängen könnte, geriet ich mehr und mehr ins Zentrum eines Verdachts. Bevor sich die Lage aber ernsthaft zuspitzte, entschärfte mein Vater die Situation: „Ach was – gut, dass er weg ist! Der ewige Fisch kommt mir längst zu den Ohren raus. Und ich freue mich schon das ganze Jahr auf deinen leckeren Kartoffelsalat."

So saßen wir Stunden später friedlich vereint um den Tisch und genossen unser Heiligabend-Mahl. Und im Stillen habe ich mein Würstchen „Bruno" getauft …

**Zepp Oberpichler**
**Schon in Arbeit**

Zepp Oberpichler, Musiker, Autor, Ruhrpottkind. Über 25 Tonträger, über 150 eigene Songs und weit über 600 Konzerte. Morgens um fünf Uhr schreibt er Bücher, um sechs treibt er Sport, um halb sieben geht er eine Runde mit dem Hund und um acht sitzt er in den Räumen seiner PR-Agentur Durian in Duisburg. Seine Bücher haben immer was mit dem Ruhrgebiet und meist was mit Rock and Roll zu tun: *Chuck Berry over Bissingheim* (2017), *Galgenvögel liegen tiefer* (2016), *Grubenkind* (2015 mit Jürgen Post), *Heartzland* (2012 mit Jürgen Kassel), *Gitarrenblut* (2009), *Die Stones sind wir selber* (2002 mit Tom Tonk); außerdem zahlreiche Beiträge in Anthologien und für Zeitschriften. [www.oberpichler.de]

2010 war das Ruhrgebiet Kulturhauptstadt. In diesem Zusammenhang bekam die Region eine mediale Aufmerksamkeit, die sie seit langem verdient hatte.

**Oder eben auch nicht.**

Mit Grausen erinnere ich mich an eine Fernsehshow zur Eröffnung der Kulturhauptstadt, die von Asli Sevindim, einer langjährigen WDR-Moderatorin, geleitet wurde. Da saßen also in trauter Runde aus Film, Funk und Fernsehen bekannte Gestalten und salbaderten darüber, was sie am Ruhrgebiet so schätzen. Besonders trist wurde diese Lobhudelei beim Auftritt von Frau Marie-Luise Marjan, bekannt als Mutter Beimer aus der Lindenstraße, dieser Sendung aus Köln, die irgendwo zwischen München und Gelsenkirchen spielen soll. Mit einer Verzückung im Blick, die auf ein gerade beendetes Schäferstündchen schließen ließ, sagte sie ihre Lobpreisung des Ruhrgebietes auf: Die Menschen wären dort so toll, die freche Schnauze und dieses gute Herz und alle so praktisch veranlagt. Und dieses gute Herz und immer geradeaus. Aber auch herzensgut und so zupackend.

**Mit Verlaub, da kommt mir heute noch ein Kötzerchen hoch.**

Nicht nur, weil mir das Klischee des einfachen Gutmenschen im Ruhrgebiet auf den Keks geht, sondern auch weil es bar jeder Grundlage ist. Wie überall in Deutschland – und ein bisschen bin ich ja nun doch herumgekommen – ist der Mensch im Ruhrgebiet zunächst einmal missmutig und übellaunig. Er wird getrieben von Neid, und seine größte Freude ist es, wenn seinem Gegenüber etwas nicht gelingt. Dann erst hat er Spaß, der Ruhrgebietler, und lädt den Gepeinigten vielleicht auf ein Bierchen ein. Allerdings nur, um ihm zu zeigen, wer hier den Hut aufhat. Nicht etwa, um Trost und Zuversicht zu spenden.

Dieses Sichweiden an der vermeintlichen Niederlage des Mitmenschen, diese Freude an dessen Missgeschick, dieses Sehnen nach Untergang – woher kommt das?
Vielleicht ist ein Grund dafür in der jahrzehntelangen Beschäftigung eines Großteils der Ruhrpöttler „im Werk" oder „auf Maloche" zu sehen. 10 000 Mann unter Tage, am Hochofen, im Walzwerk, in der Fabrik et cetera pp., da wächst schon mal die Menschenfeindlichkeit.
Doch das Ruhrgebiet ist bekanntlich im Wandel. Weg vom Hammer, hin an den Schreibtisch. Oder kennt noch jemand einen, der 40 Jahre „auf Zeche" war? Diese Generation stirbt doch gerade massiv aus. Nur ein soziales Verhalten, das vor 50 Jahren und mehr schon unterirdisch war (Da haben wir es wieder!), bleibt bestehen.
Egal, was sich gerade wie wandelt: Bezogen auf den eigenen Horizont hat der Mensch im Ruhrgebiet den „Pott" mit seinen hohen Rändern nie verlassen. Er hat keinen Weitblick entwickeln können, in den Jahrzehnten der Industrialisierung nicht und in denen der nachindustriellen Zeit auch nicht. Im Gegenteil! Für den Pöttler ging und geht es immer nur um ihn selbst. Meine Wohnung vom Werk. Mein Schrebergarten an der Bahnlinie. Mein Opel Kadett. Hauptsache, man hat etwas, und wehe, da hat einer etwas anderes, gar mehr. Dann ist aber Schicht im Schacht!

**Häschen in der Grube saß und schlief.**

So ist er, der Ruhrpöttler: engstirnig, kulturlos und ausschließlich auf seinen eigenen Vorteil bedacht. Von da kommt auch diese merkwürdige Denkfigur des „Pöstchenrückens". Man will eine Position bekleiden, weil man ansonsten keine Ahnung hat, wie man sein Leben bestreiten soll. Und sein Leben bestreiten, das kann einem niemand verbieten. Aus diesem Grunde begibt sich der Ruhrpöttler gerne – einem Ruf der alten Tante SPD folgend – in die

Niederungen der Lokalpolitik. Denn sein größter Wunsch ist es, Bürgermeister oder gar Betriebsrat zu werden. So könnte er ein sechsstelliges Gehalt mit Absitzen ergattern und dazu noch Buffet und Anstoßsekt abstauben.
Wenn er dann von einer besonders kniffeligen Sitzung stark angeschickert mit dem Auto nach Hause gurkt und zufällig in eine Alkoholkontrolle gerät, hat er als Bürgermeister das Glück, durchgewunken zu werden. Ich kenne Menschen, die richten ihr gesamtes Dasein genau darauf aus. – Heute noch.

**Der Ruhrgebietler sorgt gerne vor.**

Diese Gedanken macht er sich freilich schon als sechsjähriger Steppke, während seine Schwester Häkeln lernt, um sich Kissen zu friemeln, die sie im Fenster unter ihren Armen braucht.

**Der Ruhrgebietler hat es gerne bequem.**

„Boh, Oberpichler“, höre ich schon einige Spatzen von der Trinkhalle pfeifen, „kannst du nicht mal was Schönes schreiben?“
Klar.

**Was ich am Ruhrgebiet toll finde.**

Ich geh mit meinem Hund eine Runde. Ein Nachbar (Name dem Autor bekannt) steht vor seiner Haustür und kuckt auf die Straße, alibimäßig an einer Tulpe schnuppernd.
Er: „Machße?“
Ich: „Hund muss annen Busch.“
Er: „Hasse aber scheiß Wetter ausgesucht.“
Ich: „Willze machen?“
Hier könnte dieser profunde Dialog enden, wie in Köln, München oder Berlin. In Hamburg wäre er erst gar nicht zustandegekommen. Im Ruhrgebiet hingegen geht er noch weiter.

Er: „Hab den neuen Bettmänn auf Bluhräh."
Ich: „Hasse Bier kalt?"
Er: „Kackt der Papst im Sitzen?"
Ich: „Will ich hoffen."
Er: „Also wat is?"
Ich: „Mach schomma en paar Wiener heiß, bring nur kurz die Töle annen Baum."
Er: „Schon in Arbeit."
Aus solchen Gesprächen ergeben sich immer wieder freudvolle Stunden.

**Danke, liebes Ruhrgebiet.**

## Unbekannter Verfasser
## Ruhrgebietshymne

Ruhrgebiet, oh Ruhrgebiet,
Hier komm ich her, ich hab dich lieb,
Wo Schlote mächtig rauchen,
Wo Enten lustig tauchen,
Wo Schlacke mächtig dampfen tut,
Da isset schön, da isset gut.

Auch wenn der Filz der SPD
Im Inneren tut schrecklich weh,
Auch wen du manchmal Zweifel hast,
Ob du noch in die Landschaft passt.
Ruhrgebiet, oh Ruhrgebiet,
Hier komm ich her, ich hab dich lieb.

Ich liebe Castrop, Eickel, Hamm,
Und Hamborn hat's mir angetan,
Ich träum von Wetter anner Ruhr,
An Wattenscheid, da denk ich nur.
Ruhrgebiet, oh Ruhrgebiet,
Hier komm ich her, ich hab dich lieb.

Und weile ich mal in der Ferne,
Dann komm zurück ich immer gerne,
Wo fließt die Emscher, der Kanal,
Wo wohnt der Ernst, der Fritz, der Karl.
Dort komm ich her, ich hab dich lieb,
Ruhrgebiet, oh Ruhrgebiet.

## Jürgen Lodemann
## Der große KaWumm

Jürgen Lodemann, Filmemacher, Autor, geboren 1936 in Essen (in einer Krupp-Klinik), Abitur in Essen an einem naturwissenschaftlichen Gymnasium, Studium in Freiburg (Germanistik, naturwissenschaftliche Geographie), Promotion (Diss. über Operntexte), 1965 bis 1995 TV-Redakteur in Baden-Baden, Moderation und Redaktion der Reihen „Literaturmagazin“ und „Café Größenwahn”, Erfinder der „Bücher-Bestenliste des SWR“. Viele Dokumentarfilme, z. B. „Rheinfahrt“, anfangs über Essen, später über USA, Türkei, Ägypten, Irland, Griechenland etc. Seit 1975 Romane, anfangs aus den Ruhrstädten, in „gehörter“ Sprache. Letztes Buch 2017: *Gegen Drachen*. Alfred-Kerr-Preis für Literaturkritik, Literaturpreis Ruhrgebiet, Literaturpreis der Stadt Stuttgart. 2005 „Professor des Landes NRW”. Wohnt in Freiburg, Essen, Irland. [www.jürgen-lodemann.de]

Im ‚Pümpgen', im dämmrigen Licht dort ist wieder so was wie Aufruhr. Der Predigkeit ist dagewesen, hat wieder für seine Volkskunst gepredigt, für seinen ‚Pöbelpalast' Colosseum. In seinem ‚Colosseum' seien noch die Klassen überwunden worden, spielend, ob im Varieté oder beim Poker oder Billard, auch bei den Damenringkämpfen im Schlamm. Das sei noch die letzte Zeit der ‚Zornigen Ameise' gewesen. Heute aber, habe Predigkeit gerufen, sei die Kunst so kaputt wie diese Stadt. ‚Kruppstadt Kaputtstadt!'.

Draußen sieht man sie noch immer herumgehen, die schwarze hohe Menschenspinne, am anderen Ende des Kopstadtplatzes, da geht der Predigkeit hin und her, mitten im Sommer im Mantel.

„Mamma Mönninghoff", fragt Hackenesch, „weiße eintlich, wat der wiaklich ma war früher?"

„Türlich weiß ich dat."

„Ja dann sach dat domma."

Wirtin Mönninghoff beginnt die Theke zu wischen.

Kumpmann beugt sich zu Hackenesch. „Der da draußen is der Einzige, der't bei de Mönninghoffsche für lau kricht. Dat Bier. Weil der in Essen ma dat Ass waa. Anne Zeitung. Krittiker!"

„Sach bloß. Krittiker? Und wat is er heute?"

„Siehße doch. Penner. – Hatter nix an, unterm Mantel."

„Au, dat hasse getz gekohlt. Krittiker un nix unterm Mantel? Und wat passiert nu? Kommt der etwa widda hier rein?"

„Lassen doch."

Der Dunkle hat den Platz gequert, kommt näher.

„Wehe!", ruft Else Mönninghoff, „wehe, du sachs gätz wat von dem, wat der Kumpmann dir vorraten hat."

Die Pümpgen-Tür öffnet sich, es erscheint die hohe alte Figur. Zögert, geht dann rasch vor, stellt sich an den Stehtisch. Mutter Mönninghoff zapft. Die anderen haben ihr

Bier, aber kein Gespräch. Die Wirtin setzt dem die gute Blume vor. „Musse nich so genau nehm, wenn Kumpmann blöd fracht. Wieso du kein Krittiker mehr bis."

Die Männer sehen, wie der trinkt. Hackenesch zieht die Schultern. „Vor de Mamma müssen wer hier wohl alle kuschen, odda?"

Mamma Mönninghoff hebt flehend die Hände.

Der Predigkeit setzt sein Bier ab. Blickt jeden an. „Is euch eintlich klaa, wat dat is? En Krittiker?" Trinkt noch mal, setzt wieder ab. „Nur ma ein Beispiel. Zum Beispiel diesen Dingeskirchen, wie heißter denn, diesen Kaiser der Süddeutschen. Letztet Wochenende, ich denk, mich krault ne Schaltanlage. Weint der sich seitenlang einen ab, wie traurich et doch wär, dat fünnef Chopeng-Briefe weg wären seit dem Waaschauer Ghetto. Chopeng, fünnef weckene Briefe – wie schreibt der dat? – dat wiarkt auf unsere Gefühle – also son krittischen Kaiser, der hat ja so viele Gefühle wie hundert andere gleichzeitich – diese Zahl fünnef, die wiarkt auf unsere Gefühle mehr als jede abstrakte Millionenzahl. Wörtlich. Fünf Papierkes vom Chopeng – mehr als fünf mal Millionen Menschen kaputt. So funktioniert, wat als Krittiker rumläuft. Schaltanlage!"

Predigkeit trinkt. Die Pümpgen-Tür öffnet sich, herein kommt einer der Taxifahrer. Hackenesch bedeutet ihm, sich ruhig zu verhalten. Der versteht nicht warum, ist aber ruhig.

Man erwartet weitere Erklärungen. Und in der Tat, der Alte im schwarzen Mantel schiebt sein Bier zur Seite. „Heute weiß ich ja, wat die fehlt. Mitten in die drin, da fehlt wat. En Organ, wat sonz jeder hat. Nä, nich wat ihr gätz widda denkt, keine Sorge, Kopp und Schwanz, dat ham die. Die Schicht dazwischen mein ich. Dat inne Mitte, dat Zwerchfell. Dat Dingen für Lachen. Fürt Heulen. Für allens, wat ein aus Versehen erschüttern könnte. Ohne Zwerchfell funktioniert dat gaanich. Dat ging die Herrschaften komplett verschütt. Kaputt."

Holt sich neuen Stoff aus dem Glas. „Und weil die kein Zwerchfell ham, lassen die sich hier unten im Pott auch gar nich erß blicken. Wird ja hier viel zu viel gelacht, peinlich, und dann märkte jeder, wie son Krittiker bloß noch gicksen kann. Koppstimme. Fistel fistel hippelich. Unangenehm. Blamage." Predigkeit schaut sich um, als er sieht, dass man ihm zuhört, erklärt er: „Total schwerelos sind die. Obzwar: den berühmtesten, der heißt Handke. Ausgerechnet. Da hieße unseren allerletzten Handarbeiter viel besser Koppke."

„Staunder, wa? Is eemt Staunder-Pils! Else, en neuet in Aabeit, nich dat ich hier aufem Trockenen hock!" Und fängt dann erst richtig an, der Predigkeit. Kritiker seien Papiertiger. Glatzenfriseure. „Oben auf ihre zickigen Karawanken, da jonglieren die ihren erhabenen Koks und meinen: So hoch oben, dat wär Gipfel. Nu sacht abba ma säpss: Die aufe Karawanken schwanken, sind die aufem Gipfel?"

„Nä", weiß Kumpmann, „ich würd ähr sagen, die sind im Abseits."

„Der ärste klare Gedanke, den du heute äußerß, Sportsfreund. Gipfel? Is bekanntlich dat Oberste vom Bärch. Und? Wo fängt son Bärch für gewöhnlich an?"

„Unten", ruft Else Mönnighoff, „ganz unten!"

„Else, du kriss Gold! Du weißt mehr vonne Ästhetik als sämtliche Ästhetiker zusammen. En Bärch is dann am bergichsten, wenn er ganz tief unten anfängt. Am besten am Aasch der Welt, hier unten anne Emscher. Wie Mamma Mönninghoff dat sacht, so iset. Und gätz sehter auch klar vor euch – danke, Else, dat flutscht ja mit eima – Gipfel?

Dat is auch inne Kunst immer mit alles. Auch mit Matsch am Paddel. Mit Kopp, mit Schwanz UND mit Zwerchfell. Minnigens mit die drei. Stimmdat odda habbich recht? Sach mir einer hier im ‚Pümpgen', er will auf irgendeins vazichten, Kopp? Schwanz? Zwerchfell?"

Keiner will auf eins davon verzichten. „Prost, Freunde! Ihr nich! Abba die Krittiker. Dat der Mensch en Querfell hat, dat der meist in Masse lebt und tief unten, dat ham die glatt vapennt. Wie allet, wat Sache is. Vonnem Leem im Revier, davon ahnen die nichma wat. Wieso? Weil dat ohne Zwerchfell ganich geht." Er trinkt, setzt ab, mustert seine Zuhörer. „‚Bekloppt' und ‚Volk', dat is für die datselbe Wort. People? Im Deutschen heißt dat: ‚Pöbel'!"

Da fragt der Taxifahrer den Hackenesch: „Äi, Kutti – vastehß du hier irgendein Wort?"

„Wozzudänn!", zischt Hackenesch. „Hauptsache, der hat recht!"

Predigkeit hebt sein Glas, trinkt es aus, setzt es mit Bedacht wieder ab und sagt: „Und woher weiß ich dat? Weil ich noch wat gelärnt hab, im ‚Colosseum'. Leutetricks. Überlebenstechnik. Weil ichen noch kapiert hab, den Zwerchfellzauber. Nur wer volle Pulle niesen kann, hat Schankße auf Explosion! Genieße! Odda du bis kein Genosse! Prost!"

Da trinkt man ihm zu. „Predichkeit, du bis den Größten", sagt Hackenesch. „Wemmer dich nich hätten, du mit dein wahnsinniges Zwergenfell."

„Zwischenfell!", ruft Predigkeit.

„Riesenzwerch!", ruft Hackenesch. „Else, wat der schluckt, geht auf Rechnung Hackenesch!", sagt Hackenesch.

„Na endlich. Aber wen, so frage ich euch, wen außer uns Pümpgenproleten – seit et dat ‚Colosseum' nich mehr gibt –, wen denn juckt heute noch dat Zwerchfell! Schon die alten Römer ham gefraacht: Quem jucket? Wohinze heutzutage kucks: Gehiarn! KOPP-Stimme! Nur noch Mikroprozessiönchensöhnchen. Krittiker schaffen ja nich ma mehr ihre uralte Feuilletonanie. Karasäcke. Peinsäcke. Abba mit System. Und dat System, dat is Terror."

„Wat denn gätz fürn System?", fragt Else Mönninghoff.

„Dat System, dat is die Rampe. Dat heißt: AB mit dir! Sie, Else Mönninghoff, tut uns leid, sind nich relevant. Weg mit Sie. People is Pöbel. Wo't Zwerchfell kümmert, kümmert sich auch keiner mehr um die Basis. Dat, wat Sache is, is auf Abschussliste. Du und ich, wir hier, die Abbeitslosen, die Ausländer, Schwatte odda Gelbe, die düafen da oom nich mitmachen! Abba wahlich wahlich, ich sachet euch, auch Papst Pius, auch der wollte dat im Kriech nie so genau wissen, wat unten passiert mit die aamen Säue – Juden, Kommenisten –, und weil auch den am Ende sein eigenen Schwachpunkt erwischt hat, sein papierdünnes Zwerchfellchen, da überfiel den ein ewichkeitlichen Schluckauf, und ich sachet euch, auch zu die Literaturpäpste kommt dermaleinst der große KaWumm, schickt als absoluten Aufstülp seinen heiligen Hickeschlick!"

„Toll!", sagt der Taxifahrer, schaut sich um, ob er damit richtig liegt.

„Ja, toll wär's. Abba die da oom wussten ja schon imma, wer minderwärtich is. Dat wir hier unten, wir fünnef Millionen für die Gefühle von so Schaltanlagen nich ma halb so wichtich sind wie fünf Blättges Papier. Ne Oper mit Aabeiter, dat kam nie inne Tüte. So welche wie diese Zombies, die schubsen ihre Omma die Treppe runter und fragen, wat läufße eintlich so unästhetisch?"

Predigkeit trinkt lange und wie in Trauer. „Schon der uralte Johnny Nestroy, der meinte, man sollte den Kaiser gegen den Kaiser hetzen. Also sonnen Handke gegen nen Handke und den Kara gegen den Seck und dann den Reich gegen den Ranicki, nur um zu kucken, wer jeweils von die zwei der Größere is.

Und wat passiert dann mit all die imma neu heranwichsenden Dichterkes? In ihre schwindelnden Höhen, dann baumeln die eines nammitachs allesamt an ihre eigenen ÜBER – ragenden Werke – seelich saugend anne gegenseitigen Nabelschnüre – unerreichbar schweben die dahin auf ihrem kosmischen Kappes – kosmisch, denn am Ende landen ja Karawankengedanken galaktisch – aufem Nepp – nem NeppNeptun, wo se dann knien vor ihrm eigenen Gedankenwichs im Nix – bis am Horizont kannze se knieen sehn, hingerissen hirngerissen knien die vor ihrm Nepp, Aaschloch reiht sich Aaschloch, übawältigend! sind ja ausschließlich Klugscheißer. –

Und gätz is hoffentlich klaa, wieso für Predichkeit Schluss is mit Krittiker!"

**Hubertus A. Janssen**

## Lit.Alaaf – vom Rhein zur Ruhr

Schwer strömt der Rhein sein breites Bett.
Die Ruhr zieht schlangenförmig nett.
Ein Zeisig zwitschert hier wie da
sein frühlingshaftes Trallala.

Frau Lit.-Kolone, die vom Rhein,
lädt sich zum alten Ruhr mal ein.
Ganz alte Schule, Herr Lit.-Ruhr,
und fragt sich still: Was will sie nur?

„Das Ruhrgebiet wird dichtgemacht,
zwanzigachtzehn ist Schicht im Schacht“,
parliert Frau Lit.-Kolone.
„Das war's dann mit Ruhrzone!“

Lit.-Ruhr, ein feiner alter Mann,
hört sich das Trällern einfach an.

Und spricht: „Verehrte Frau Kolone,
das Ruhrgebiet ist nicht Ruh-Zone.
Tatsächlich leuchtet Licht im Schacht,
das stündlich ein Gedicht entfacht!“

Frau Kolone. Alaaf. Perplex.
Flattert nach Köln. Fünf Kölsch auf ex.

Schwer strömt die Ruhr ihr breites Bett.
Der Rhein zieht schlangenförmig nett.
Der Zeisig zwitschert hier wie da
sein frühlingshaftes Trallala.

## Margret Martin
## Die Bude

Margret Martin ist Bochumerin: wegen Geburt, Wohnort der Mutter, Studium; ist Essenerin: wegen Kindheit und Jugend bei den Großeltern, Studenten-WG; ist Dortmunderin: wegen Wohnort von Vater und Bruder; ist Duisburgerin: wegen erster Arbeitsstelle in Marxloh; ist Bottroperin: wegen Liebe, Familie, Lebensmittelpunkt, Arbeitsplatz. Das Wichtigste in Kürze über die „Blonde aussem Pott“: Erfüllung: Familie und Beruf; Leidenschaft: Freunde treffen und kochen; Begeisterung: Lesen und Schreiben; Lust: Wandern und Fahrrad fahren; Freude: Malen und Ehrenamt.

Gregor kommt von der Mittagsschicht nach Hause. Einmal im Monat beginnt sein Dienst um 12 Uhr und endet um 21 Uhr. Eine ganze Woche lang.

Die heutige Schicht war hart, er hat sie als besonders anstrengend empfunden, weil Schneider wieder einmal seine schlechte Stimmung am Personal ausgelassen und jeden, der nicht schnell genug zur Toilette fliehen konnte, verbal schikaniert hat. „Mein Gott, muss der Schneider frustriert sein", denkt Gregor. „Da lebt so ein Miesepeter, wahrscheinlich ohne Familie mutterseelenallein in irgendeinem Mini-Apartment und hat außerhalb seiner Arbeit nichts, gar nichts, keine Bekannten, keine Kumpel, keine Freunde – nein, Freunde hat so einer wie der bestimmt nicht."

Gregor ist wie so oft zu Fuß unterwegs. Als er müde und erschöpft schließlich um die letzte Ecke biegt, spürt er – wieder einmal – den aufkommenden Ärger und merkt, wie sein Magen sich schlagartig zusammenzieht. „Da stehen die Penner doch schon wieder", schießt es ihm durch den Kopf. Die ‚Penner', wie er sie nennt, stehen am Kiosk, der von allen hier in der Gegend nur Bude genannt wird, direkt unterhalb seines Schlafzimmerfensters.

Vor der Bude sind um einen Stehtisch drei Männer versammelt, rauchen; zwei weitere stehen etwas abseits, jeder mit einer Bierflasche in der Hand; alle unterhalten sich.

Gregor kann förmlich spüren, wie sein Blutdruck nach oben schießt, sein Herz schlägt schneller, er atmet flacher.

Da nähern sich von der gegenüberliegenden Straßenseite zwei Frauen dem Treffpunkt, gehen laut lachend auf die beiden abseits vom Tisch stehenden Männer zu und begrüßen sie mit einer Umarmung. Dann schlendern alle vier zum Stehtisch hinüber. Einer der Männer dreht sich um und klopft an das Fenster der Bude, das sich auch augenblicklich öffnet. Hinter dem Schalterfenster erscheint der lächelnde, fast haarlose Kopf des Budenbesitzers, der seine Brille zurechtrückt und nach wenigen Worten seinem Kunden zwei Flaschen Bier anreicht. Am Stehtisch prostet nun jeder jedem zu.

Gregor spürt, wie sich seine Hände in den Manteltaschen zu Fäusten ballen. Er geht mit hochgezogenen Schultern und versteinerter Miene an den Budenstehern vorbei. Der Budenmann winkt ihm lächelnd zu, die Männer am Stehtisch nicken freundlich zu ihm herüber; die Frauen beachten ihn nicht, sie sind ins Gespräch und ins Rauchen vertieft.

Mit zitternden Fingern schließt Gregor die Haustür auf, geht ein Stockwerk höher und betritt seine Wohnung.

Schwer atmend lehnt er sich mit dem Rücken an die geschlossene Wohnungstür. Jeden Abend das Gleiche. Er fühlt den unbändigen Zorn auf die, die ihn so oft am Einschlafen hindern, in jeder Pore seines Körpers. „Jetzt stehen sie da wieder bis 22 Uhr, reden, lachen, klimpern mit ihren Bierflaschen, verpesten mit ihrem Zigarettenqualm die Luft. Und ich kann mein Schlafzimmerfenster nicht öffnen. Ich hasse diese Bude“, war der Satz, den er manchmal sogar laut ausstieß, wenn er abends zu Hause allein in seiner Wohnung saß.

Er geht hinüber in die schmale Küche, auch hier sind angeregte Gespräche und lautes Lachen von unten deutlich zu vernehmen. „Und dann dieses Ruhrpottdeutsch. Können die sich nicht vernünftig unterhalten.“ Er füllt Mineralwasser in ein Glas, trinkt es in einem Zug aus und geht dann ins Bad.

Nachdem er sich den Schlafanzug angezogen hat, legt er sich ins Bett, dreht sich auf die Seite und drückt das Kopfkissen auf sein rechtes Ohr. „Dat glaubse doch wohl nich“, hört er es gedämpft von unten heraufschallen, gefolgt von schrillem Gelächter der Frauen.

Gregor fühlt bleierne Müdigkeit in sich aufsteigen. Aber er spürt, dass er nur schlecht in den Schlaf finden wird. Wenn überhaupt. Nur mit Mühe kann er seine Wut unterdrücken.

Die Menschen unten an der Bude scheinen in ausgelassener Stimmung zu sein. Gregor blickt auf den Wecker. Kurz vor 22 Uhr. Wie lange wollen die da unten noch weitermachen?

Er schließt die Augen, versucht sich zu entspannen und ruhig zu atmen, wartet auf den Schlaf.

Aber schon wenig später schwingt er mit einem energischen Satz seine Beine aus dem Bett und hastet in die Küche. Mit fahrigen Bewegungen kramt er in der Schublade herum, entnimmt ihr zunächst ein großes Fleischmesser, sucht weiter und findet eine Rolle Isolierband.

Schwer atmend stützt er sich für einen Moment auf der Arbeitsplatte ab, läuft dann, das Messer in der einen, das Isolierband in der anderen Hand, zum Flur, verlässt die Wohnung und rennt die Treppe hinunter. Vor der Haustür bleibt er abrupt stehen. Der Stehtisch ist verlassen. Er blickt zur Luke. Der Budenbesitzer sieht ihn fragend an.

Gregor tritt näher. „Kann ich reinkommen?"

„Ist was passiert?", fragt der Budenbesitzer, und nach kurzem Zögern: „Muss ja wohl, wenn Sie um diese Zeit im Schlafanzug rumlaufen. Dann kommen Sie mal zur Seitentür."

Gregor, die Hände hinter dem Rücken verschränkt, tritt in den überheizten Innenraum der Bude.

Der rundliche Mann schiebt seine Brille zurecht, sieht Gregor fragend an und schließt die Tür. Im selben Moment zieht Gregor das Messer hinter seinem Rücken hervor und richtet es auf den Bauch des Budenbesitzers, der sich gerade zu seinem Gast umdreht. „Jetzt ist Schluss. Ein für alle

Mal. Setzt dich da hin", presst er hervor und weist mit dem Kopf auf einen Stuhl in der Ecke neben der Heizung.

Das Gesicht des Budenbesitzers wird aschfahl. Mit tapsigen Schritten nähert er sich dem Stuhl, setzt sich langsam auf die vordere Kante und sieht Gregor mit weit aufgerissenen Augen an.

Der tritt nun näher an den Mann heran, berührt dessen Brust durch den grauen Pullover hindurch mit der Messerspitze und schnarrt: „Wie heißt du?"

„Helmut", ist die heisere Antwort.

„Pass auf, Helmut. Kein Laut. Sonst stech ich zu. Ist das klar?"

Helmut schnappt nach Luft und nickt.

Gregor tritt hinter Helmuts Stuhl. „Leg die Hände auf den Rücken", befiehlt er, bevor er das Messer schnell auf den Boden legt und Helmut, bevor der überhaupt reagieren kann, die Hände an der Stuhllehne festbindet. Dann reißt er einen Streifen Band ab, tritt dicht vor Helmut, packt ihn am Kinn und drückt ihm das Band auf den Mund.

Helmut reißt den Kopf zur Seite, versucht zu sprechen, aber es ist nur ein Stöhnen zu vernehmen. Er schließt die Augen, atmet schwer, legt den Kopf zurück. Auf seiner Stirn hat sich ein Schweißfilm gebildet. Mit Panik in den Augen blickt er Gregor an.

Der geht gerade betont lässig zu einem zweiten Stuhl im Kiosk, stellt ihn vor Helmuts Stuhl, zieht energisch seine Schlafanzughose hoch, setzt sich vor Helmut hin und schaut ihm direkt ins Gesicht. „So, mein Lieber", beginnt er, „jetzt sind wir unter uns."

Helmut versucht zu sprechen, aber durch das Klebeband dringt nur dumpfes Stöhnen.

„Jetzt redet hier nur einer. Und das bin ich, verstanden?", herrscht Gregor ihn an. „Weißt du eigentlich, wie oft ich abends oben in meiner Wohnung versucht habe zu schlafen, während ihr hier unten Theater gemacht habt? Kannst du dir vorstellen, wie ich mich fühle, wenn ich da oben todmüde im Bett liege, nicht einschlafen kann, weil vor deiner Bude gequatscht und gelacht wir, wenn Bierflaschen aneinanderschlagen. Weißt du, dass ich wegen der Raucher kein Fenster aufmachen kann? Alles wegen deiner scheiß Bude. Wie oft hab ich mir vorgestellt, ich gehe runter und bring die alle um. Glotz nicht so. Ja, genau, das hab ich mir immer und immer wieder vorgestellt. Und nun sind alle weg. Nur du bist noch hier."

Gregor zielt mit dem Messer auf Helmut, der leicht auf seinem Stuhl hin und her schwankt und dem inzwischen alle Farbe aus dem Gesicht gewichen ist.

„Was mach ich jetzt mit dir?", murmelt Gregor und dreht das Messer in seiner Hand. Erneut blickt er Helmut in die Augen. „Ich will einfach nur meine Ruhe, verstehst du?" Er lehnt sich zurück. Atmet tief ein und aus. „Ich könnte dich hier gefesselt und geknebelt sitzen lassen. Vielleicht verhungerst du ja oder du erstickst. Ich könnte dich auch einfach abstechen." Er blickt in das angstverzerrte Gesicht von Helmut. „Was sagst du dazu?"

Stille breitet sich im Raum aus. Gregor beugt sich zu Helmut hinüber. „Aber du darfst das letzte Wort haben", flüstert er und erhebt sich langsam von seinem Stuhl, geht auf Helmut zu und entfernt mit einem Ruck das Klebeband von dessen Mund. Helmut atmet, hustet, würgt und lässt seinen Kopf auf die Brust fallen. Es riecht nach Schweiß.

„Nun rede schon", fährt Gregor ihn an.

Helmut hustet noch einmal heftig. Schweigt dann. Räuspert sich erneut, nimmt einen tiefen Atemzug. „Bitte lass mich frei. Ich hab dir doch nichts getan." Seine Stimme klingt brüchig.

„Oh doch, du hast mir was getan.“ Gregor springt auf und gestikuliert wild mit dem Messer. „Immer wenn ich meine Ruhe wollte, hast du mir was getan. Mit all den komischen Gestalten, die sich hier bei dir versammeln.“

Helmuts Kinn ist wieder auf die Brust gefallen. Nun blickt er langsam hoch und beginnt leise und stockend zu reden. „Das sind keine Gestalten. Das sind Kunden von mir, die gerne an diese Bude kommen.“ Er hustet kurz. „Die trinken hier ihr Bier, rauchen und unterhalten sich. Aber die tun keinem was. Die sind nett zu mir, und die gehen freundlich miteinander um.“

„Aber die sind nicht freundlich zu mir“, unterbricht Gregor lautstark.

Helmut atmet hörbar aus. Nach einer Pause fährt er fort: „Da sind einige dabei, die haben nur diese Kontakte hier an meiner Bude. Die wohnen drüben in der Hochhaussiedlung.“ Helmut weist mit dem Kopf nach rechts. „Die haben hier Bekanntschaften geschlossen, die reden und lachen. Und ja, die trinken hier ihr Bier. Aber die betrinken sich nicht. Da pass ich schon auf.“ Helmut stockt. „Hier der Kiosk, das ist mein Leben, meine Existenzgrundlage, und für viele meiner Kunden ist das der einzige Ort, um sich mit Menschen zu treffen, um mal am Leben teilzunehmen.“ Er schweigt.

Gregor blickt an Helmut vorbei.

„Ich weiß nicht, was du mit mir vorhast“, fährt Helmut fort. „Vielleicht habe ich ja nichts mehr zu verlieren. Und deshalb sage ich dir jetzt noch was. Meine Bude hier ist für einige Menschen ein ganz wichtiger Treffpunkt. Hier geht es manchmal fröhlich, manchmal vielleicht auch ein wenig zu laut zu. Aber …“, er stockt, „für die, die einsam sind, ist das ein guter Ort. Und weißt du was? Das wäre auch ein guter Ort für dich.“ Helmut hebt seine Stimme. „Ich seh dich immer alleine kommen und gehen. Du kriegst wohl nie Besuch. Mit wem redest du denn so? Wer lacht mit dir? Mit wem trinkst du hin und wieder mal ein Bier? Ich glaube", Helmut legt den Kopf auf die Seite und blickt Gregor fest an, „ich glaube, du bist einsam. Das wollte ich dir sagen. Und jetzt mach mit mir, was du willst."

Er schweigt erschöpft, legt den Kopf in den Nacken und schließt die Augen.

Gregor zieht abermals die Schlafanzughose ein Stück höher, ohne jedoch dabei seine Waffe aus der Hand zu legen. Dann bewegt er sich langsam auf Helmut zu und richtet das Messer auf ihn. „Also dann", sagt er.

Ein Klingeln ertönt. Der Wecker reißt Gregor aus dem Schlaf. Abrupt setzt er sich im Bett auf. Er atmet mehrmals tief ein und aus, lässt sich dann nach hinten auf sein Kissen fallen. So verharrt er eine ganze Weile. Dann schlägt er ohne Eile die Decke zurück.

Er lächelt. Er weiß, was er heute Abend tun wird.

**Monika Littau**
**All's Well!**

Monika Littau, geboren in Dorsten, studierte Germanistik, Geographie und Musikwissenschaft in Bochum und Münster. Mehr als 20 Jahre war sie in Forschung, Bildung, Kultur/Literaturförderung tätig, zuletzt im Kulturministerium NRW. Seit 2007 arbeitet als freie Autorin und Herausgeberin (Lyrik, Prosa, Theaterstück, Hörspiel, Kinderbuch, Sachliteratur). Zuletzt erschienen der Roman *Vom Sehen und Sagen. Die Buchela*, der Lyrikband *über malungen*, das Live-Hörspiel *Nicht APO und nicht Mafia* und der Kinderroman *Freiheit für Amila. Weltreise Sri Lanka*. Monika Littau erhielt für ihre Arbeiten eine Reihe von Auszeichnungen. Sie ist Förderpreisträgerin des Landes Nordrhein-Westfalen, wurde zweimal in Berlin mit dem Preis für politische Lyrik ausgezeichnet und u. a. durch Stipendien des Landes und der Kunststiftung NRW unterstützt. [www.monika-littau.de]

Anna hat gute Vorsätze. Sie hat beschlossen, sich ausschließlich nur noch positive Geschichten zu merken. Ihr Glas ist immer *halb voll* oder *voller als halb voll.*

Aber wie jeder Vorsatz einen Nachsatz nach sich zieht, verhält es sich auch mit den Geschichten. Es gibt gute Geschichten, die automatisch mit schlechten transportiert werden, als zöge das Angenehme das Unangenehme selbstverständlich im Schlepptau mit sich. Als seien die Geschichten miteinander verflochten, ja mehr noch verkleistert. Und das Schlechte könne durchaus nicht in Quarantäne genommen und abgetrennt werden. Ein ziemlicher Salat.

Und schließlich stellt Anna fest, dass es noch eine dritte Kategorie gibt: Das *Narrativ des Bösen* schlechthin. Geschichten mit dem Alleinstellungsmerkmal *ausschließlich schlecht*. Anna versucht sie intensiv zu vergessen, aber je mehr sie das versucht, desto stärker rücken sie ihr auf den Pelz. Deshalb ruft sie sich schnell zur Ordnung und ihren Vorsatz mit den guten Geschichten in Erinnerung.

Rundum positiv war beispielsweise die Tatsache, dass sie Anfang der 70er Jahre beginnen durfte, an der RUB zu studieren. Das war durchaus nicht selbstverständlich für ein Mädchen aus einfachen Verhältnissen. Hätte es nicht das Honnefer Modell gegeben, später das Bafög, und hätte es nicht die erste Universitätsneugründung nach dem Krieg ausgerechnet im Ruhrgebiet gegeben, wäre das nichts geworden.

Innerhalb eines Jahres – das glaubt heute keiner mehr! – setzte eine Firma aus Betonfertigteilen, die in zwei Fabriken direkt auf dem Gelände gefertigt wurden, auf einem Acker in Querenburg die sogenannte Arbeiteruniversität zusammen, eine Betondenkfabrik, die später auch als Selbstmorduni Schlagzeilen machte.

Anfang der 70er war die Arbeiteruni in den Köpfen der Erziehungsberechtigten im Pott angekommen, und Anna durfte dort mit dem Fleiß eines Aufsteigerkindes starten. Etwas früher wäre das, wie gesagt, noch gar nicht in Frage gekommen und später übrigens auch nicht. Da gab es schon wieder zu viele Privatschulen und Privatunis, wo Kohle zählte. Kurz: Das war damals Glück pur.

Schon schleicht sich allerdings in Annas Erinnerung die Hundehütte ein, die ihre Eltern für sie angemietet hatten, während sie selbst in einer Reinigungsfirma für Arbeitsbekleidung jobbte, um sich vor Studienbeginn Geld zu verdienen. Dass sie in diese Hundehütte zog, lag natürlich nur daran, dass sie nicht nach Hause pendeln wollte und auf einer eigenen Bude bestanden hatte.

Das Zimmerchen befand sich in einem Betonklotz, der aber bunt angemalt war und deshalb den schönen Namen *Allfarblori-Haus* trug. Gewöhnungsbedürftig waren in jedem Fall die Gemeinschaftsduschen – Nasszellen gab es noch nicht in den Zimmern. In ihnen stellten sich Männlein und Weiblein – die Männer waren übrigens eindeutig in der Überzahl – gemeinschaftlich unter den heißen Wasserstrahl. Wehe, da schloss einer ab. Dann kam es auf der Etage, die sich *Roter Stern* nannte, zu heißen Debatten über das *Asoziale des Privaten*. Hatte man doch eigenhändig die Trennwände aus dem Raum herausgerissen, um dem entgegenzuwirken. Mit der Zeit gewöhnte sich Anna ein bisschen, zog es aber bald vor, sich eine andere Bude zu suchen. Die Erfahrungen im *Allfarblori-Haus* kategorisiert Anna übrigens unter *nicht schlimm*, aber auch *nicht schön. Wasserglas halb voll.*

In die Kategorie *weder gut noch böse*, aber *verwirrend* ordnet sie die Tatsache ein, dass die grauen Betonwände der

Uni über und über beklebt waren mit Plakaten, die alle Annas Aufmerksamkeit wollten: Liste 6 zum Beispiel: Für einen linken AStA, für eine kritische Wissenschaft, für Antidiskriminierung, für Bildung für alle. Das konnte man ja eigentlich nur unterschreiben. SDS, RCDS, KPD, KPD/ML, DKP, Junge Liberale, Emma, die Basisdemokraten, die Frauengruppen und auch das Plakat „Alles, was du denkst, ist falsch" wollten Annas Aufmerksamkeit. Sie wusste gar nicht, wohin sie zuerst sehen und wie sie alle Termine unterbringen sollte. Zumindest musste sie an ihrem proletarischen Outfit arbeiten. Jeans und vielleicht ein blaues Bergmannshemd mit weißen Streifen. Einen Parka wollte sie partout nicht, auch nicht mit Pelzkapuzenrand. Alternativ war *alles in Lila* möglich. Aber in Lila wurde Frau schnell als Emanze angemacht. Das hätte sie nicht durchgestanden.

Und weil sie ja irgendwo dazugehören musste, fand sich Anna nach vier Semestern in der Fachschaft wieder, wo bei den Germanisten um Tutorien für die Masseneinführungsseminare mit mehr als 200 Studenten gekämpft wurde. Sie wollte, dass die Erstsemester in kleineren Gruppen lernen konnten, hatte sie sich selbst doch zu Beginn oftmals auf die Fensterbank drücken müssen. Sie wollte den Erstsemestern helfen, auch bei der Begriffsverwirrung, in der sie sich wiederfanden. Das Thema, das sie anbot, lautete: *Methoden der Textanalyse.* Natürlich auch unter Berücksichtigung *ideologiekritischer Aspekte*! Das wurde sie nicht müde zu betonen.

Einmal in der Woche trafen sich die Studententutoren. Wenn es um die *gesellschaftlichen Verblendungszusammenhänge* ging, um die *Verhältnisse des Menschen als Warenverhältnisse, die nur die Ausbeutung des Lohnarbeiters widerspiegelten*, der für die *Verausgabung seiner Arbeitskraft seine*

*Reproduktionskosten erstattet bekomme, aber um den von ihm erzeugten Mehrwert geprellt werde*, schwieg Anna. Sie wunderte sich, dass alle so genau wussten, wie es dem Arbeiter im Ruhrgebiet so ging. Da saßen ihre Kollegen, Ideologen aus Berlin und aus München, aus Heidelberg und Darmstadt an der hiesigen Arbeiteruni, hatten einen Professor zum Vater oder zumindest einen Lehrer und erzählten, wo es für den Revierarbeiter langgehen musste. Anna ihrerseits kam aus einem katholischen Haushalt. Deshalb war es ihr bis dahin gar nicht aufgefallen, dass es sich zugleich um einen Arbeiterhaushalt handelte. Aber scheinbar hatte sie von der Lage der Arbeiter im Revier gar keine Ahnung. Dabei war sie schräg gegenüber von *Schloss Pippi* aufgewachsen, wie man einen gründerzeitlichen Arbeiter-Wohnblock nannte, und 200 Meter Luftlinie von der Kolonie.

In die Gruppe eingeführt hatte sie übrigens ein ideologiekritischer Kollege aus Bielefeld, in den sie sich verliebte. Sie las ihm die Worte von den Lippen, brauchte Stunden und viel Lektüre, um ansatzweise zu verstehen, was er hatte sagen wollen. Später war sie sich nicht mehr sicher, ob er überhaupt zu verstehen war. Sie hatten Sex. Aber das hieß natürlich nichts in dieser Zeit. Kaum erfuhr sie etwas über ihn und sein Leben. Ob er vielleicht geheime politische Order hatte? Ob er mit der RAF kollaborierte? Er war mal inhaftiert, nannte aber keine genauen Umstände. Es war alles so nebulös und frei, dass Anna spießig wurde und Schluss machte. Hatte sie doch festgestellt, dass er parallel mit einer Industriellengattin und anderen das Bett oder den Fußboden oder sonst was teilte. Eine gute Gelegenheit auch die Fachschaftsarbeit ad acta zu legen. Profilierungsneurosen und Machtgeilheit hatte sie einfach satt, ebenso wie verbale Tribunale. In der Erinnerung ordnet Anna dieses

Kapitel ihres Lebens in die Kategorie: *Mittlere Geschichte mit schlechter Geschichte im Schlepptau.*

Während sie sich an ihre Vorsätze erinnert, beschließt Anna, dass jetzt ganz dringend wieder etwas Positives kommen muss! Sie will die schlechten Geschichten doch vergessen! Sofort denkt sie ans Theater, an die Zadek-Zeit, an *Othello* in der Fabrik, an Ulrich Wildgruber und Eva Mattes. Sie denkt an Rosel Zech und Hermann Lause in *Hedda Gabler* und alle genannten Schauspieler, obendrein noch Ilse Ritter und andere im *Hamlet*. Sie denkt an Peymanns Inszenierung der *Weltverbesserer*, an den *Nathan* und die *Hermannsschlacht*.

Und dann denkt sie natürlich an Werner, der am Schauspiel Bochum gelernt hatte, und an das *Schwarze Gold*, so hatte er sein Theater genannt, wo Anna später einmal auf der Bühne stand. Sie wusste, dass sie bei politischen Diskursen nicht die Allerbeste war, aber Theater hatte sie schon in der Grundschulzeit gemacht, im Garten, mit Bühnenbildern, die auf alten Tapeten gemalt waren. Auf den Enden der Fahrkartenrollen mit dem roten Streifen in der Mitte, die sie vom Vater geschenkt bekam, hatte sie ihre Szenenanweisungen geschrieben. Theater! Eine gute Geschichte.

Werner war nicht zugezogen wie die Chefideologen in der Germanistik, sondern in Wanne-Eickel geboren. Ein richtiger Ruhrpottsohn seines Vaters Alfred, der aus Oberschlesien als Bergmann zur Arbeit ins Revier gekommen war. Anna sprach vor und durfte bei den Proben für Dario Fos *Bezahlt wird nicht* mitmachen. „Die Magaritha ist die richtige Rolle für dich", hatte Werner gegrinst. „Das meint ihr doch auch Leute, oder?"

In der ersten Szene präsentiert Antonia ihre im Laden geklauten Sachen. Sie will sie nämlich bei Margaritha unterbringen, damit ihr Mann nichts vom Diebstahl bemerkt. Sie hat offenbar blind zugegriffen und sagt: „Da sieh einer an! … Ausgewählte Hirse für Singvögel.“ Und Margaritha, d. h. Anna, fragt zurück: „Vögelhirse?“ Jedes Mal wenn Anna „Vögelhirse“ sagte, bekam Werner einen Lachanfall. Und dann kam er auf die Bühne und korrigierte ihre Haltung und sagte: „Ein bisschen ausdrucksvoller Anna! Du bist ein Hasenfuß. Geh mal raus aus deiner Haut!“ Er fuhr ihr mit der Hand über den Hintern und sagte, „Stellt dir nur mal vor, ich hätte Vögelhirse gefressen …“, und dann lachte er unbändig. Das wiederholte sich regelmäßig und machte ihr die Proben unangenehm. *Vogelhirse* hieß das, nicht *Vögelhirse*. Das wusste sie, weil sie zu Hause einen Kanarienvogel hatten. Schlechte Übersetzung von Chotjewitz, der wahrscheinlich auch nur das eine im Kopf hatte.

Und dann kam die Premiere, und Anna war fürchterlich aufgeregt. Bei *Vögelhirse* hörte sie glücklicherweise kein Lachen im Hintergrund. Und als sie nun endlich zum Schlusschor kamen und alle mit Giovanni leise im Chor sprachen: „Eine Welt, in der man wieder merkt, daß es noch einen Himmel gibt … und Mädchen, die lachen und singen. … Und wenn du eines Tages sterben mußt, stirbt nicht ein alter ausgepumpter Maulesel, nein, ein Mensch stirbt, ein Mensch, der frei und zufrieden gelebt hat, mit anderen freien Menschen“, brandete, während das Licht herausgezogen wurde, der Applaus auf. Das war ein Gefühl, das Anna fast die Tränen in die Augen trieb. Und als das Licht wieder reingezogen wurde, traten die Schauspieler, sich an den Händen haltend, in einer Reihe nach vorn und verbeugten sich, verbeugten sich zweimal, traten wieder zurück und verließen die Bühne, ließen sich aber noch ein weiteres Mal durch den Beifall vor den Vorhang holen. Was war das bloß für ein wunderbares Gefühl. Eine wirklich gute Geschichte, denkt Anna, wäre da nicht der Schluss. „Und wie war's?", hatte sie Werner hinterher gefragt. „Dich", sagte er und grinste nicht. „Dich müsste man mal so richtig durchbumsen, damit du locker wirst."

Eindeutig ein schlechter Schluss. Aber nach dem Schluss geht das Leben ja doch immer irgendwie weiter. Anna hatte einen Job in einem anderen Theater gefunden. Und Werner hatten sie viele Jahre später verknackt. So richtig. Wegen sexueller Nötigung. Die Fernsehsender, bei denen er mittlerweile in Serien mitmachte, wollten ihn danach nicht mehr haben. Also doch eine gute Geschichte zum Thema Gerechtigkeit irgendwie. Und mit Genuss erinnert sie sich daran, wie freundlich Werner Jahre später zu ihr war und von ihr Informationen für seinen Job bekommen wollte.

Ruhrgebietsmänner sind keine besseren Männer, denkt Anna. Aber natürlich gibt's auch viele Nette ebenso wie die vielen Blödmänner. Dabei fällt ihr dieser Bochumer Autor ein, der schon tot ist. Mit dem hat sie kurze Zeit gemeinsam in einer Zeitschriftenredaktion gesessen. Er schrieb über Musik und sie über Theater. Er rotzte jede sexuelle Regung später in seinen Romanen runter, wann er wo einen Ständer bekommen hatte. Und Anna hatte er in einem seiner Romane als Langweilerin bezeichnet. Aber wie gesagt, das ist eine andere Geschichte. Verstehen kann sie aber nicht, dass sie dem post mortem immer noch einen Preis verleihen wollten. Das rechtfertigt auch nicht das Stichwort *Pop*, findet sie.

Geschichten gibt's. Die kann man gar nicht erzählen. Und das würde Anna natürlich auch unter keinen Umständen tun. Als sie aufgefordert wurde, über den Autor etwas zu schreiben, hat sie natürlich abgelehnt. Und wenn sie tatsächlich mal einen Satz über diesen Typen verlieren sollte, dann würde sie auf keinen Fall den Klarnamen verwenden, wie er das damals getan hatte. Schließlich gibt es doch Grenzen, auch wenn es sich um Rache handelt. Und auf keinen Fall will sie es so schlecht machen wie diese Typen, denen sie damals im Kulturbereich begegnete. Wahrscheinlich kann sie es gar nicht so schlecht machen!

Wie heißt es so schön bei Shakespeare: *All's Well That Ends Well.*[1]

Genau so, denkt Anna.

Künstlerdomänen, Männerdomänen in den 70ern, 80ern im Revier.

Am Ende hat diese Arroganz ihnen gar nichts genützt. Denn Annas Glas ist voller als das Glas der Typen von damals. Der meisten zumindest. Sie lebt in einer Welt, in der man merkt, dass es einen Himmel über der Ruhr gibt. Und manchmal auch Männer, die lachen und singen.

*All's well now. That Ends Well.*

---

(1) Theaterstück von Shakespeare

## Hubertus A. Janssen
## Revierkoniferen

Gestern kommt mir in die Quere
diese Edelkonifere.
Zugereist aus Übersee,
lobt sie selbst sich über'n Klee.

Und statt erst mal abzuwarten,
steht sie schon im Schrebergarten,
mitten drin, in Borbeck-Süd,
pflanzt sich ein und glüht und blüht.

Und ich sprech zur Konifere:
„Hör mal, wenn ich Du jetzt wäre,
käm ich zwar aus Übersee,
wär jedoch genau so'n Klee,

wie fast alle im Revier.
All die Koniferen hier!"

**Werner Boschmann**
**Onkel Alwis erklärt Bottroper Verhältnisse**

Onkel Alwis, Jahrgang 1928; Werner Boschmann, Jahrgang 1951; beide Bottroper, und zwar mit Leib und Seele. Sie möchten nirgendwo anders ihr Leben verbringen, beobachten aber mit großer Sorge den Niedergang der einstmals so liebenswerten Stadt.

Wenn sich einer den Titel „Urgestein“ verdient hat, dann Onkel Alwis. Er hat seine Heimatstadt lediglich zu zwei recht kurzen Ausflügen verlassen: im April 1945, als er mit dem „letzten Aufgebot“ den „Ruhrkessel“ verteidigen sollte, und im Juni 1959, als er mit seinem Kegelclub eine Woche lang auf der Insel Norderney verbrachte.

Onkel Alwis kennt in Bottrop Jan und Pit, und Hinz und Kunz kennen ihn. Ich habe das Urgestein gefragt, was es in der Rückschau hier besonders liebt und was nicht.

„Das Beste an Bottrop sind die echten Bottroper. Wenn ich samstags über den Markt gehe, treffe ich viele von denen, kann mich sogar mit einigen von der CDU unterhalten.“

Bottrop wird seit 70 Jahren von der SPD regiert. Ich habe Onkel Alwis gefragt, welche der SPD-Oberbürgermeister er mochte und welche nicht.

„Der Ernst Wilczok war ein Pfiffikus, ohne den wir heute Essener Norden wären, schlimmer als Karnap[1]; den habe ich sehr gemocht; der Kurt Schmitz hatte Charakter; der Peter Noetzel auch. Den heutigen mag ich nicht.“

Der heutige heißt Bernd Tischler, ist ein Raumplaner aus Hilden[2]. Ich habe gefragt, warum er den nicht mag.

„Weil er sich ohne jede Zurückhaltung von der Presse als ‚Macher' feiern lässt, der er nicht ist. Möglichst jeden Tag. Oft mit skurrilen Eintagsfliegen. Denk an die Arkaden. Ein scheinbar läppisches, im Kern aber so typisches Beispiel.“

Das Warenhaus Karstadt, früher Althoff, war Mittelpunkt der Bottroper City, hat 2016 seine Pforten geschlossen; mit ihm die Innenstadt. Nach der „Revitalisierung“ durch den „Outlet-Store“ eines Möbel- und Lampen-Onlinehändlers enthüllte OB Tischler ein Schild mit der Aufschrift „Althoff Arkaden“[3]. Arkaden existieren im Großraum Bottrop nicht. Ich habe Onkel Alfred gefragt, warum solche Nullnummern von der Presse ganzseitig abgedruckt werden.

„Kritische Töne und das Hinterfragen von teilweise hanebüchener Großmannssucht sind die große Ausnahme; das wörtliche Abdrucken städtischer Pressemitteilungen der Regelfall. Ich glaube, die Bottroper Presse hat Angst vor der SPD und vor der mit ihr verbündeten Stadtverwaltung."

In Bottrop werden die Lokalausgabe der WAZ sowie die durch Anzeigen finanzierten Blätter „Stadtspiegel" und „mittendrin" veröffentlicht. Ich habe Onkel Alwis gefragt, ob es etwas wie eine „politische Opposition" in Bottrop gibt.

„Außerparlamentarisch ist mir keine bekannt. Im Stadtparlament opponiert meist nur die CDU oder die ÖDP[4]. Ansonsten: Wenn ein Bürger eine nicht genehme Meinung äußert, kriegt er eins drübergebraten, wie ich …"

„Wie ich …": Ein wunder Punkt, über den ich, mit Einwilligung von Onkel Alwis, hier berichten darf:

Er las in einem der Ortsblättchen vom einem Plan zur Förderung der „Stadtgesellschaft". Aufgrund seiner ehemaligen beruflichen Tätigkeit war ihm klar, dass hierdurch lediglich die Innovation City GmbH[5] gefördert werden würde. Er schrieb einen Leserbrief, in dem er dies – freundlich, aber bestimmt in der Wortwahl – kundtat. Der Leserbrief erschien tatsächlich. Onkel Alwis erhielt daraufhin Anrufe: anonym, recht knapp gehalten („Ratte!"), warnend („Mach dat nich nomma!"), mahnend („In deine Haut möcht ich aber gez nich stecken!"), einer prophezeiend („Pass ma auf, wat dir die nächsten Tagen passiert."). Und es passierte ihm tatsächlich in den nächsten Tagen wat, das … – hier hat Onkel Alwis mich verpflichtet, ihn wortwörtlich zu zitieren: „… mein Grundvertrauen in die Organe des Rechtsstaates, in das Gemeinwesen an sich erschütterte und mich in der Meinung bestärkte, dass meine geliebte Heimatstadt aktuell die Bezeichnung Demokratie-Imitat zurecht verdient."

2019 wird das offizielle Bottrop die hundertjährige Stadtwerdung feiern. Ich fragte Onkel Alwis, was er da erwarte.

„Reden mit den üblichen Themen – Essen, Trinken, Rathaus, Innovation City; Bücher zu den gleichen Themen, auf deren erster Seite der amtierende OB durch den Stadtgarten joggt[6]; keine Zeile über den ehemaligen SPD-Landtagsabgeordneten Günter Hellwing[7].“

---

(1) 1976 plante die NRW-Regierung eine Eingemeindung Bottrops nach Essen; diese Katastrophe konnte besonders durch den damaligen OB Wilczok abgewendet werden.

(2) https://de.wikipedia.org/wiki/Bernd_Tischler (abgerufen am 21.03.18).

(3)https://www.waz.de/staedte/bottrop/aus-dem-frueheren-karstadt-werden-die-althoff-arkaden-id213753773.html (abgerufen am 21.03.18).

(4) Die Ökologisch-Demokratische Partei sitzt seit 1999 im Rat der Stadt und besitzt in ihren Reihen einige sprachlich gebildete und mutige Menschen. Linke und DKP kreisen zumeist um sich selbst; die opportunistischen Grünen sind zum Beispiel bei Steuererhöhungen Steigbügelhalter der SPD; die CDU opponiert erst seit kurzer Zeit, hegt wohl die Hoffnung, den gesamten Laden in Bälde selbst übernehmen zu können; FDP und AfD spielen zur Zeit der Abfassung dieses Textes keine Rolle. Jedem sei der Besuch einer Ratssitzung anempfohlen; der mag zunächst abschrecken, veranschaulicht aber, wie eng in Bottrop SPD und Verwaltung miteinander verzahnt sind.

(5) Die 2010 gegründete Innovation City Management GmbH benutzt als Selbstbezeichnungen mit Vorliebe Worte wie Leuchtturm, Modellstadt, internationales Vorbild usw. Pressemitteilungen und Akquisen für Dämm-Maßnahmen werden sehr regelmäßig und meist wörtlich von den Ortsblättchen kommentarlos abgedruckt.

(6) Allen, die dies für eine Geschichte aus „Tausendundeiner Nacht“ halten, sei zum Durchblättern das Buch „grünschwarzgrün“ über „Bottrops grüne Seele“ anempfohlen https://www.bottrop.de/wohnen-umwelt-verkehr/aktuelles/neues-buch-gruenschwarzgruen.php (abgerufen am 21.03.2018).

(7) Durch das Stadtarchiv veröffentlichte Beiträge zur Bottroper Geschichte enthalten meist Kopien aus Zeitungen. Natürlich nichts über Günter Hellwing, den Wikipedia öffentlich gemacht hat: https://de.wikipedia.org/wiki/G%C3%BCnter_Hellwing (abgerufen am 21.03.2018): Hauptsturmführer der SS, an der Deportation jüdischer Menschen in Vernichtungslager beteiligt. „Danach kam er nach Bottrop und übernahm dort die Leitung der Kriminalpolizei. Im März 1945 erhielt er angeblich den Befehl, fünf sowjetische Kriegsgefangene einer Exekution zuzuführen, denen Plünderung vorgeworfen wurde. [auf dem Parkfriedhof; Onkel Alwis hat diese Geschichte und welche Kreise sie noch bis in die 50er Jahre gezogen hat, oft erzählt] 1950 wurde er in Bottrop Mitglied der SPD. […] Mitglied der Gewerkschaft der Polizei wurde er 1953. Im gleichen Jahr wurde er Stadtrat in Bottrop und hatte dieses Mandat bis 1959 inne. […] In den Landes- und Bundesvorstand der SPD rückte er 1958 auf. Vorher hatte er 1957 bis 1958 im Landtag von Nordrhein-Westfalen ein Mandat. […] Hellwing war stellvertretender Stadtverbandsvorsitzender der SPD Bottrop in den Jahren von 1955 bis 1956.“ Fotos von ihm gibt es z. B. in einem offiziellen Bildband aus dieser Zeit.

## Herr Luca
## Kuttenkarl meets Fußballgott

Herr Luca ist Journalist und Pressesprecher, wurde 1964 geboren, wuchs in Wattenscheid auf und musste auf eine Fußballerkarriere verzichten. Denn als er zehn Jahre alt war, weigerten sich seine Eltern, den Aufnahmeantrag bei Schwarz-Weiß Eppendorf zu unterschreiben. „Werd' erst mal in der Schule besser", bekam er zu hören. Also kickte er mit Freunden auf Ascheplätzen und begann mit Texten über die Kreisliga B. Herr Luca lebt nach Stationen in Brüssel, Speyer, Düsseldorf, Frankfurt und Kassel seit mehreren Jahren wieder im Ruhrgebiet, in Mülheim. Er ist bekennender Fan von Bayern München. Was man als Retourkutsche an seinem Vater deuten kann. Denn der war Schalker.

*Es regnet an diesem kühlen, grauen November-Sonntag. Nur wenig los auf der Kurt-Schumacher-Straße. Kein Vergleich zu gestern. Da war die Schalker Hütte wieder voll mit Blau und Weiß. 2:0 gegen den Hamburger SV. Kein Spiel für die Ewigkeit, aber immerhin drei Punkte. Und in der Tabelle vor Schwarz-Gelb.*
*„Tod und Hass dem BVB" – der mit einem Totenkopf verzierte Aufnäher ist nur einer von vielen auf der nach kaltem Rauch müffelnden Jeansjacke von Kuttenkarl. Der Vollblutfan (Vater war Schalker, Opa war Schalker, Bruder ist Schalker, Enkeltochter in der Arena getauft) hat eine Verabredung der besonderen Art. Gemessenen Schrittes betritt er die Kapelle im Bauch der Veltins Arena, nimmt die blau-weiße Kappe vom lichten Haupt. Er weiß, was sich gehört, denn zum Interview erscheint kein Geringerer als der Fußballgott persönlich.*
*„Nimm Platz, mein Sohn", sagt der Herrscher über Tore und Trophäen, ein gesichtsloses Wesen mit weltweit gefürchtetem Einfluss. „Was führt dich zu mir?"*
Karl: Lieber Fußballgott. Ich habe große Angst.
Gott: Wovor denn? Wir sind hier in einem Stadion. Es gibt doch keinen Grund, sich zu fürchten.
Karl: Und ob. Du weißt: Ich bin 1960 geboren, gehe vielleicht bald in Rente. Ich habe eine verständnisvolle Frau, zwei halbwegs ordentlich geratene Jungs. Sie haben sogar einen Job. Der eine interessiert sich zwar mehr für Schach als für Fußball. Aber so weit ist alles gut. Doch ich habe Angst, dass ich sterbe oder zumindest meinen Verstand verliere, bevor wir noch mal Deutscher Meister werden. 1958, beim letzten Mal, war ich noch nicht auf der Welt. Und seither: nur dürre Knappen-Jahre. Ich frage dich, oh Herr: Besteht Hoffnung?
Gott: Hoffnung besteht immer. Aber die Frage ist: Hoffnung worauf?

Karl: Äh, bei allem Respekt – ich kann dir nicht folgen. Erinnerst du dich an 2001? Das letzte Spiel im Parkstadion. Wir haben schon getanzt im Innenraum. Endlich am Ziel, haben wir gedacht. Nach den Jahrzehnten der Entbehrungen, der Enttäuschungen, des Abstiegs. Der Schiri pfeift ab, und wir dachten: endlich Meister. Endlich Gerechtigkeit. Alle um mich herum waren königsblau vor Glück. Und dann schießen die Bayern in der vermutlich 1000. Minute der Nachspielzeit doch noch ein Tor. Und entreißen uns die Schale.

Gott: Ich weiß, dass manche Schalker seither erheblich an meinen Kompetenzen zweifeln. Das solltet ihr nicht tun.

Karl: Meister der Herzen! Toll! So viel Lametta hängt an keinem Baum! Aber da kann ich mir nix für kaufen, echt jetzt. Was hast du dir nur dabei gedacht, Fußballgott?

Gott: Für jeden Menschen, der sich für unseren Sport interessiert, hat sich das Schicksal etwas ausgedacht. Denk mal an die Bayern.

Karl: Schrecklich. Die werden dauernd Meister und können sich noch nicht einmal richtig darüber freuen.

Gott: Deshalb lasse ich sie alle Jahre mal leiden. Du erinnerst dich an Manchester United. Im Champions-League-Finale 1999 glaubten die Bayern so wie ihr damals auch, die Hand schon am Cup zu haben. Dann habe ich ihnen zwei Tore kurz vor Feierabend eingeschenkt. Aus die Maus. Weißt du, wie die geweint haben.

*Kuttenkarl sinkt auf die Knie, hebt erst beide Arme in die Höhe, macht dann mit dem rechten sägende Bewegungen und schreit:*

Karl: Ein schöner Tag, ja!!!

Gott: Oder das Finale dahoam. 2012, Elferschießen gegen Chelsea. Schweinsteiger war mir in den Wochen zuvor etwas zu arrogant. Da habe ich seinen Schuss an den rechten

Pfosten gelenkt. Wieder haben sie ein großes Finale verloren. Und das auch noch vor eigenem Publikum. Da floss Selters statt Schampus.
Karl: Sehr gute Inszenierung, Meister. Ich war begeistert.
*Wieder strahlt Kuttenkarl übers ganze Gesicht und schlägt sich vor Freude auf die Oberschenkel.*
Gott: Du solltest an deinem Charakter arbeiten, mein Freund.
Karl: Wieso das denn? Wenn Bayern verliert, ist alles in Butter. Fehlt bloß noch, dass Schwarz-Gelb auch eins drüberkriegt. Da ist Feiertag bei Ernst Kuzorra seine Enkel. Warum erzählst du mir das eigentlich alles? Was haben die Bayern-Pleiten mit uns zu tun.
*Der Fußballgott erhebt sich, schüttelt den Kopf und schaut streng auf Kuttenkarl herab.*
Gott: Ich finde es schön, wenn Menschen Träume haben.
Karl: Ja, ich auch. Aber noch mal: Was hat das mit Königsblau zu tun?
Gott: Für euch Schalker, mein Freund, habe ich bestimmt, dass der Weg das Ziel ist. Für jetzt und immer.
Karl: Du meinst, wir werden niemals mehr Deutscher Meister werden? Nie? Nie? Nie? Du findest es gut, wenn 2018 die Fans der anderen höhnisch singen: 60 Jahre keine Schale in der Hand?
Gott: Gewiss. Denn das ist die Schalker Bestimmung. Jeder Verein braucht einen Wesenskern. Mia san mia in München, Vize in Leverkusen, echte Liebe gibt's in Do…
Karl: Nicht aussprechen, bitte! Kein Wort über die Zecken!
Gott: Und für Schalke ist eben vorbestimmt, immer sehr bemüht zu sein, aber in der Bundesliga am Ende doch zu scheitern.
Karl: Ist das deine Strafe für den Bestechungsskandal von anno dazumal?

Gott: Das ist keine Strafe. Es ist eine große Auszeichnung, pures Glück sogar.
Karl: Du bist grausam, Fußballgott.
Gott: Nicht im Geringsten. Guck mal: Wenn ich richtig gezählt habe, dann hat eure Schalke-Familie inzwischen fast 150 000 Mitglieder. Das ist sehr viel. Ihr braucht einen Anker; etwas, das euch Halt gibt. Und dieser Anker ist das ewige Scheitern. Mal mehr und mal weniger knapp.
Karl: Das will ich nicht.
Gott: Hast du schon mal gesehen, wie unglücklich Menschen sind, die ein Leben lang davon geträumt haben, sich einen Porsche leisten zu können. Dann haben sie sich den Wunsch erfüllt und fühlen sich trotzdem leer. Drum: Es ist nicht erstrebenswert, wenn sich alle Wünsche erfüllen. Es macht viel reicher, von der Erfüllung der Wünsche zu träumen. Schalke wird nie mehr Meister sein, aber die Fans werden vereint zusammenstehen. Das ist ein großes Glück.
*Kuttenkarl tippt sich an die Stirn und sackt in sich zusammen. So hatte er sich die Zusammenkunft mit dem Boss der Bälle nicht gedacht. Plopp. Er öffnet eine Flasche Bier, nimmt einen tiefen Schluck und startet seinen letzten Angriff.*
Karl: Olaf Thon. Was war mit dem?
Gott: Das ist ein Auserwählter. Als junger Kicker hat der mal ein Riesenspiel für Schalke gemacht. 6:6 im Pokal – gegen die großen Bayern. Drei Buden von Thon, das letzte Tor in der 123. Minute. Da habe ich Gänsehaut bekommen und verfügt, dass dieser Kerl es verdient hat, einmal Deutscher Meister zu werden.
Karl: Du hast ihn zu den Bayern gelockt?
Gott: So war es. Und so wird es immer sein.
Karl: Und mit unserem Manuel Neuer hast du es genauso gemacht?
*Der Fußballgott nickt nur.*

Karl: Ich versteh die Welt nicht mehr.
*Kuttenkarl steht auf, verlässt wortlos und den Tränen nahe die Kapelle. Beim Weg aus den Katakomben kommt er an den Bildern der großen Schalker vorbei: Nigbur, Fischer, Fichtel, Kremers, Rüßmann, Abramczik, Nemec, Wilmots, Höwedes. Er denkt an die Eurofighter, den großen Sieg im Uefa-Cup, auch schon über 20 Jahre her. Kuttenkarl winkt den Postern zu, als wären die Posterlegenden tatsächlich anwesend.*
*Draußen hat es aufgehört zu regnen. Er geht zur Straßenbahn und nimmt die nächste 302 zur Innenstadt. An der Haltestelle Schalker Meile steigt er aus, lehnt sich an den Metallzaun und blickt minutenlang in die Glückauf-Kampfbahn. Da haben sie mal gespielt, die Schalker Meister. Im Vereinslokal „Bosch" nebenan stellt er sich an den Tresen.*
Wirt: Wie immer?
Karl: Wie immer.
*Der Wirt stellt Pils und Korn ab, macht zwei Striche auf den Deckel. Kuttenkarl streicht sich die Pilskrone von der Oberlippe.*
Karl: Du glaubst nicht, wen ich heute auf Schalke getroffen habe.
Wirt: Ach, war da wieder der sogenannte Fußballgott?!
*Der Wirt prustet vor Lachen.*
Karl: Woher weißt du das?
Wirt: Meine Güte, Kutti. Hast du den nicht erkannt? Das ist die neue Masche von Olaf Thon. Unser Professor macht jetzt den Überirdischen.
*Der Wirt dreht die Musikanlage lauter: Blau und weiß ist ja der Himmel nur, der Himmel nur … Kuttenkarl legt den Kopf auf den Tresen, schließt die Augen und träumt. Von der Meisterschaft.*

**Benjamin Bäder**
**Das Krisengespräch**

Benjamin Bäder, Dipl. Kommunikationsdesigner, wurde 1982 in Dinslaken geboren und lebt mit seiner Frau und seinen drei Kindern in Duisburg an der Sechs-Seen-Platte. Er arbeitet als Illustrator und veröffentlicht Texte in Zeitschriften, Anthologien, Blogs etc., ist Redakteur der Literaturzeitschrift *Richtungsding*, die ihren Sitz im Ruhrgebiet hat. [www.benjaminbaeder.de]

Als Opa Dieter erfuhr, dass ich in Düsseldorf Architektur studieren wollte, berief er sofort einen Familienrat ein. Nun, eigentlich waren wir sowieso gerade alle versammelt, denn es war kurz vor Ostern und Tante Gerda feierte ihren Geburtstag.

„Junge“, sagte Opa Dieter, „willst du dir das nicht noch mal überlegen? Hier kann man doch auch gut studieren. In Essen oder Bochum oder Duisburg. Wenn es sein muss, sogar in Dortmund.“

Meine Eltern unterhielten sich gerade mit Frieda, der Schwester von Onkel Günni. Mein Bruder saß zwar physisch neben mir und Opa auf der Couch, spielte aber auf seinem Handy Snake, was seine Hirntätigkeit so stark einschränkte, dass er offenbar nicht sprechen konnte. Der Familienrat bestand also quasi aus meinem Opa und mir.

„Opa, in Düsseldorf ist eine Fachhochschule. Ich habe nur ein Fachabi. Ich kann nicht einfach irgendwo studieren.“

Opa Dieter runzelte die Stirn und trank einen Schluck von seinem Köpi, womit er mir durch seine Körpersprache zu verstehen gab, dass er nicht verstanden habe, was ich gesagt hatte, und mein Argument nicht zähle. „Nicht mal einen richtigen Zoo haben die da unten. Bloß so ein bescheuertes Aquarium. Und wir, wir haben sechs: den Duisburger Zoo, den Gelsenkirchener, den in Hamm, den in Bochum und dann noch den in Dortmund. Was willst du denn in einer Stadt lernen, die nicht mal einen eigenen Zoo hat? Da kann doch nichts bei rauskommen.“

„Also eigentlich sind die Zoos in Bochum und in Hamm Tierparks, Opa“, brachte mein Bruder hervor, der aus seiner Handytrance erwacht war.

„Du hältst dich wohl fürn ganz Schlauen, wa? Ein paar richtige Tiere sind immer noch besser als so ne olle Waschwanne voller Fische.“

Mein Bruder verdrehte die Augen. „Boah, Oppa, wenn ich so schreibe, wie du redest, bekomm ich in Deutsch alles mit so gekringelten Linien angestrichen."

Nach diesem Geistesblitz verabschiedete sich sein Gehirn wieder auf unbestimmte Zeit aus unserer Diskussion, und Opa Dieter wandte sich mir zu. „Und du? Was willst du denn später mal planen? En Affenhaus oder ne Pfütze?"

Erst wollte ich so was sagen wie „im Affenhaus stinkt's" oder „ich halte den Aquazoo architektonisch eigentlich für sehr spannend und nicht für eine Pfütze", aber das hätte bei Opa nur neue Widerstände hervorgerufen. Stattdessen sagte ich: „Der Herr Riebmann, bei dem ich mein Praktikum gemacht habe, hat auch in Düsseldorf studiert und hat jetzt ein Architekturbüro in Bottrop."

„So, so, der Riebmann", sagte Opa. Weiter kam er nicht, denn es hatte geklingelt, und die Mutter von Onkel Günni öffnete die Wohnungstür. Onkel Klaus trat ein. „Hallo zusammen, entschuldigt die Verspätung. Ich hatte bei mir zu Hause einen Wasserrohrbruch."

„Da kannst du ja ne Mietminderung verlangen", rief Opa durch den Raum. „Wenn die Bude unter Wasser steht, bekommst du die sicher für den halben Preis."

Klaus sah ihn genervt an. „Nee, ausziehen werd ich."

„Wieso, ich habe dir doch letztes Jahr ne Taucherbrille geschenkt. Damit kannst du jetzt einen Haufen Geld sparen."

„Du alter Fuchser", murmelte Klaus und wandte sich zu Tante Gerda.

Opa Dieter schlug das eine Bein über das andere, so dass seine schlohweiße Socke in der Sandale über dem Wohnzimmertisch baumelte, und lehnte sich zufrieden zurück. „He, Sohn, warte noch mal. Was hältst du denn davon, dass dein Neffe in Düsseldorf studieren will?"

Klaus drehte sich zu uns um. „Düsseldorf? Da wohnt mein Vermieter. Überhaupt nichts halte ich davon. Am Ende wird der Junge auch so ein Snob, will nur Geld machen und nichts in eine ordentliche Wasserleitung investieren."

Triumphierend lächelte Opa mir zu. Das Riebmann-Argument war vom Tisch. In seiner Welt stand es jetzt zwei zu eins für ihn.

Ich seufzte. Es würde nun richtig schwierig werden, das Spiel jetzt noch zu gewinnen. Oder ich musste mir bei jeder Familienfeier, gemeinsamen Ausflügen und sonstigen Begegnungen anhören, dass er mit der Wahl meines Studienortes unzufrieden war. Ich durchsuchte alle Schubfächer meines Gehirns nach einer Idee. Sogar im Wandsafe und unter dem Bett sah ich nach. Da war nichts zu finden. Verzweifelt sah ich zu meinem Bruder hinüber. Seine Augen folgten der kleinen Pixelschlange auf seinem Nokia-Handy.

Es klingelte erneut an der Tür. Diesmal öffnete Günnis Bruder. Alle Blicke richteten sich auf die Tür. Dort stand ein Mann in einem Hasenkostüm. Im Gesicht hatte er einen Stoppelbart und eine dicke Hornbrille. In dem um seinen Arm hängenden Körbchen befanden sich mehrere Ostereier. Ohne dass ihn einer fragen konnte, wer er sei, begann er, diese Eier zu verteilen. Erstaunlicherweise schien er uns sogar zu kennen. Auch wenn er Oma und Onkel Günnis Mutter verwechselte und Onkel Klaus Klaas nannte.

Die kleinen Überraschungen waren genauso eigenartig wie dieser Typ. Mein Bruder, der mit seinen Freunden oft ein Tabletop-Spiel spielte, fand in seinem Ei einige Zinnfiguren. Diese waren jedoch nicht im Stil seines heißgeliebten Fantasy-Spiels angefertigt, sondern sahen aus wie aus einem Blechstück ausgesägt und grob mit Farbe bekleckst. Mein Bruder verzog das Gesicht. Wenn er solch groteske Figürchen zu einem Spiele-Abend mitbringen würde, dann würden sich seine Freunde wahrscheinlich am Boden krümmen vor Lachen. In meinem Ei befand sich ein Bleistift, der so dick war, dass man ihn kaum mit einer Hand umgreifen konnte. Dazu lag ein Zettel bei, auf dem stand: „Damit dir während deines Studiums niemals das Blei ausgeht!“ Mein Opa, der eine Tüte alkoholfreier Diät-Rumkugeln erhalten hatte, fasste unsere Gedanken zusammen: „Was soll die Verarsche?“

Als der Osterhase zu Frieda kam, um ihr das Geschenk-Ei zu überreichen, eskalierte die Situation völlig. Frieda öffnete ihr Ei, stieß einen Schrei aus und begann den komischen Osterhasen-Vogel mit einem Mal abzuknutschen. An den entgleisten Gesichtern der Umstehenden konnte ich deutlich ablesen, dass alle anderen genauso verwundert waren wie wir. Besonders die Eltern von Frieda rangen um ihre Fassung, als Frieda den Ring aus dem Ei in die Höhe hielt. Es war mucksmäuschenstill im Raum.

„Ich brauch jetzt erst mal ne Kippe!“, verkündete Opa Dieter und stand auf, um sich zum Balkon zu begeben. Mein Vater, der schon immer Nichtraucher war, sagte: „Ich komm mit.“ Onkel Klaus und meine Mutter folgten ihnen.

Mein Bruder und ich sahen uns an und sprangen auf. In dem Augenblick, als Tante Gerda die Balkontür hinter uns schloss, prusteten wir los. Wir lachten, dass uns die Tränen in die Augen traten. Es war uns egal, was Onkel Günnis Familie oder die anderen Gäste von uns denken mochten.

„Was war das denn? Kennt den einer?“, fragte meine Mutter. „Also diesen Antrag werden wir wohl so schnell nicht mehr vergessen!“, meinte Klaus. Mein Vater schüttelte nur den Kopf vor Lachen.

In diesem Augenblick stieß mein Opa mich mit seinem Ellenbogen an. „He, du kannst studieren, wo du willst, aber bitte heirate nie einen Osterhasen.“

**Ullrich Spiegelberg**
**fortuna unglück**

fortuna unglück
meister der sportlichen haltung
du warst meine große liebe
gegen alle widerstände, gegen allen spott
wir hatten herrliche zeiten, herzliche begegnungen,
köstliche spiele, impressionen und begebenheiten
nun muss ich gehen
du musst es verstehen
der körper spricht
übertreibe nicht
lass jüngere machen
spielerisch artistische sachen
fortuna lebt weiter
im geist und auffen platz
mein letzter satz

## Sabine Sellmann
## Das Leben ist keine Schnellraterunde

Sabine Christiane Sellmann, geboren am 3. Januar 1955 in Witten; Diplom-Pädagogin (i. R.), verheiratet, Mutter, Großmutter, Hausarbeiterin, pflegende Angehörige. Seit Jahrzehnten auch Schreibende, hauptsächlich Lyrik, Satire. Lebensmotto: Zeit ist ein Geschenk. Niemals umtauschen!

Daher erst mal ein kurzer Rückblick in Sachen Kindheit: Meine (Stief-)Schwester und ich waren ziemliche Feger. Wahrscheinlich wegen mangelnder Aufsicht: Mutter im Laden, Vater beruflich unterwegs. Vorteil: ziemlich viele Freiheiten. Nachteil: keine Ansprache bei drohenden Konflikten. Sprich, blaue Flecken beim Kampf um die besten und saubersten Plastikbausteine. Die gab es nämlich damals auch schon. Von Apfelkuchen im Gesicht bis wunde Schienbeine von Tritten mit den Holzlatschen … war alles drin. Folge dann doch (glaub se nich!): ne niedliche Siedlung auf der großen, grünen Platte. Jede eine Straßenseite. Machte eben einfach zu viel Spass, das mit den weißen Steinchen. Und roten Fenstern. Und roten Dachziegeln. Und grünen Bäumchen. Konkurrenz belebt das Geschäft!

Hatte es aber geschneit, war nichts mehr mit „architektonisch“. Dann war der Wittener Stadtpark angesagt. Geht man am Eingang rechts und wieder links, kann man sie schon sehen, „unsere“ Rodelwiese. Unsere Eltern wären gar nicht erst auf die Idee gekommen, uns nur einen Schlitten … Beste Stelle gesucht … laaange Abfahrt für möglichst Speed machen … davon zehrsse dat ganze Leben, echt. Und weil es so schön war, haben wir im Frühjahr gleich weitergemacht. Nicht Schlitten fahren, logisch. Rollschuhe.

Wer den Stadtpark in Witten kennt, dem ist der rote, breite Weg geläufig, der links vom kleinen „Böckchen“ (die allseits beliebte Bronzestatue wurde Anfang Oktober 2017 in der Nacht von Dieben abgesägt und wird voraussichtlich demnächst ersetzt) nach oben ins Gelände führt. Von oben sah es gar nicht sooo schlimm aus. Meine Schwester fuhr auf der linken Wegseite, ich rechts. Doch schon nach einer Sekunde war klar: Das ist ne heikle, ne ganz heikle Sache! Das schnelle Runterbrausen an sich hätte uns wahrscheinlich quietschen und juchzen lassen. Aber unten verlief die Ruhrstraße. Und die war schon in den 60ern eine ziemlich befahrene Straße. Zwischen dem Weg und der Straße nur ein Bürgersteig … und zum Glück … das Herz so flexibel, reagierte im Hier und Jetzt, einfach so! Nein, die Rollschuhe hatten keine Bremsen. Nur vier kleine Hartgummirollen. Kam man so mit klar. Dachten wir. Und versuchten, mit aller Macht – durch Seitenwechsel und das leichte Querstellen der Räder – das Abfahrtstempo ohne Sturz zu verringern. Nur: Schnell war auch klar, dass das nicht reichen würde. Und die Ruhrstraße kam immer näher. Lösung Jutta: Gezielter Sturz links inne Wiese. Und ich … fuhr im Affentempo und in einem großen Bogen nach rechts. Dort steht noch immer die kleine Mauer, gegen die ich in gebückter Haltung knallte. Immerhin: gestoppt! Und das, wie sich zeigte, ohne Brüche. Dafür rann mir das Blut in mehreren dünnen und dicken Rinnsalen vonne Knie an abwärts. Arzt geholt? Nö. Die Spur zog sich übern Bürgersteig von der Ruhrstraße bis zum Rathaus und weiter die ganze Hauptstraße hoch bis nach zu Hause. Unser Nachbar, Herr A., half mit Jod und Verbänden. Hamm we noch ma Glück gehabt!

Sowieso: Meine Schwester und mich hielt kaum was inne Wohnung, vor allen Dingen bei gutem Wetter. Es war ja auch irgendwie unsere Stadt. Waren die Freundinnen dabei, verstärkte sich das Rausgehbedürfnis noch mal wesentlich. Spätestens um 16.00 Uhr waren Abenteuer angesagt. Zum Beispiel: Pommes Majo testen in der ersten Bude am Kornmarkt, durch die BILKA streunen, ein Kaufhaus mit Rolltreppe an der oberen Bahnhofstraße, das jetzt natürlich nicht mehr dort zu finden ist. Gegen drohende Langeweile kamen wir auch mal auf das Abhalten von Mutproben, wie das Klauen von kleinen, niedlichen rosa oder hellgrünen Shampookissen und von Filzstiften, damals der totale Hit.

Zum Glück waren wir dann doch zu brav oder einfach zu schisserig für solch einen Zeitvertreib.

Für mich, die ich als Kleinkind bis zum frühen Tod meiner Mutter überbehütet aufwuchs, erhielt der Ausdruck „Stadtluft macht frei“ eine ganz eigene Bedeutung. Ich hab das hier mal beispielhaft geschildert, Kinder kann und soll man nicht anbinden. Das Problem mit den möglichen Gefahren muss man/frau anders lösen! Jedenfalls zeichneten sich die „bewegten“ Zeiten, die danach kamen, in meiner Person damals schon ab.

Da „hatte“ mich das Ruhrgebiet, hat mich mit seiner heimischen Ausstrahlung nicht mehr losgelassen. In der Folge habe ich meine Jugend und fast mein gesamtes Arbeitsleben in (und bei) meiner Geburtsstadt Witten verbracht und wohne nach Aufenthalten in Wetter und Bochum wieder hier.

Warum ich diese Stadt so liebenswert und anheimelnd finde? Das ist nicht nur auf die zahllosen interessanten Erfahrungen und Begegnungen mit – meist netten – Menschen zurückzuführen, sondern auf „dat Ganze“. Dabei fühlt sich „Ruhrgebiet“ als Begriff für mich übrigens nicht organisch an, eher so, als sei ich bei einer Regionalkonferenz. Mir ist klar, was gemeint ist und dass eine Menge gemeinsamer identitätsstiftender und emotionaler Erfahrungen von Menschen dieser Region darin mitschwingen.

„Dat Ganze“, organisch und erfüllend, umfasst für mich aber vor allem das Leben und Treiben in „meiner“ Stadt. Der Stadt, in der ich lebe und mit der ich biografisch verbunden bin. Ich denke an die Straßen und Viertel „meiner Stadt“ und sehe alles dreidimensional vor mir. Als flöge ich da so drin herum und drüber weg. Wo ich geboren wurde, wo ich zu verschiedenen Zeiten gewohnt, gearbeitet, eingekauft habe. Freizeiteinrichtungen und Kneipen, die ich besucht habe, die es jedoch größtenteils nicht mehr gibt – nur die Erinnerung daran, was wir als Jugendliche so alles angestellt haben –, dafür andere!

„Flexibel musse bleiben, wie soll et sonz weitergeh'n", raunzte Herr A., meist dann, wenn ihn etwas verärgert hatte. Und während sich noch mancher Erinnerungsfetzen an die Ansichten legt, werden die schon wieder überlagert von neuen Bildern, alternden Gesichtern beispielsweise oder unbekannten, jungen.

Obwohl Witten ca. 98 000 Einwohner hat, begegne ich fast immer Menschen, die ich von früher her kenne, sei es beim Einkaufen, sei es bei kulturellen oder politischen Veranstaltungen. Wer annimmt, der auch hier herrschende, teils unübersehbare Niedergang mancher Viertel hätte zwangsläufig eine bürgerschaftliche Kapitulation zur Folge, der irrt. Straßen werden in Eigenregie begrünt, Leute beschäftigen sich mit der Geschichte ihres Stadtteils, in öffentlichen Foren werden Umgestaltungskonzepte städtischer Areale diskutiert und anderes mehr. Schön zu sehen auch: Viele junge Leute engagieren sich, zum Beispiel für fairen Handel oder – aktuell – in Flüchtlingsinitiativen. Und damit eigentlich gegen Lethargie und fürs Gemeinwohl. Da sag ich dankbar: „Nachdenklich musse bleiben. Und manchmal mutig."

Auf ein Wort noch zu unserer Namensgeberin, der Ruhr. Ich liebe diesen Fluss, bei dessen bloßer Nennung allein schon jede Menge Bilder in meinem Kopf entstehen. Aus Kindertagen: Ruhrinsel-Umschwimmen mit Jutta. Und heute: Fährt man/frau mit der „Schwalbe" die mäandernde Ruhr zwischen Kemnader See und Bommern aufwärts (vorausgesetzt, es gibt noch freie Plätze), erscheinen rechts Wald und Burg sowie Beispiele für Frühindustrialisierung, Burgruine Hardenstein, Schloss Steinhausen, im Anschluss das LWL-Museum Zeche Theresia mit Ziegelbrennerei, dann auf der linken Seite ein Edelstahlwerk, welches noch an die frühere „Stadt der Stahlkocher“ erinnert und damit an die Krisen vergangener Tage infolge des Strukturwandels. Ich denke: Nichts bleibt, wie es ist – und bleibt doch vertraut. Wo anders lässt sich das wohl so intensiv erfahren wie hier im Ruhrgebiet …

… jetzt bloß nicht sentimental werden! Oder unkritisch! Gerade fällt mir ein … was mag ich denn so gar nicht hier, im Ruhrgebiet, im Großen und Ganzen oder Kleinen Speziellen … in Witten … oder in anderen Ruhrgebietsstädten:

„Auf alle Fälle – dat sach ich getz ma als Omma – gibt et HIER mehr als einen Schatz zu hüten. Und dat Schönste: Viele Menschen, denen so’n Anliegen nich am Ar… vorbeigeht.“

„Wie bitte … guck dir mal die maroden Straßen an und in jeder Stadt die gleichen Ketten, Mobilphone-Shops, Billigläden, Wettbüros …“, tönt eine vertraute Stimme hinter meinem Rücken.

„Immerhin dreht sich’s hier um ‚unsere‘ Stadt!“

„Ich mein dat doch nich im Sinne von ‚Den Gral Hüten‘, sondern von ‚Gestalten’, du Gestalt! Wieso baun Besitzer ihre Ladenlokale nich zu Wohnungen um. Irgendwat Nützlichet. Wer braucht Wettbüros, außer jene großen Zampanos am Ar… der Welt, die mit so wat irre viel Geld machen?! Dat Leben is schließlich keine Schnellraterunde!“

Womit wir irgendwie wieder bei den Bausteinchen angelangt wär’n!

Für Jutta †

## Heinz Georg Schmenk
## Meine Jugendzeit in Sterkrade und anderswo

Heinz Georg Schmenk, geboren 1935 in Oberhausen-Sterkrade, Sohn einer seit mehreren Generationen bestehenden Malermeister-Dynastie, verbrachte seine Jugend überwiegend im Ruhrgebiet. Warum er den Beruf des Industriekaufmannes wählte, weiß er auch nicht so genau. Als ihm die heimatlichen Gefilde zu eng wurden, durchlief er eine zweite Ausbildung zum Außenhandelskaufmann und war dann über Jahrzehnte für die kaufmännische Abwicklung von Industrieanlagen zwischen dem fernen Osten und dem weiten Westen, den Tropen und dem Polarkreis unterwegs. Nachdem seine fünf Kinder ihren Weg gefunden haben, lebt er heute wieder in seinem Geburtsort. Sein Familienroman *Ein Dussel ist immer dabei* eignet sich für alle Erwachsenen, die das kindliche Lachen nicht verlernt haben; aus einer Zeit, in der nicht alles besser war, aber bunter.

Dat dat Ruhrgebiet wat Besonderes is, war mir schon in frühester Jugend rein gefühls- und beobachtungsmäßig bewusst. Dazu bedurfte es nicht immer wieder zu vernehmender Äußerungen aus Bekannten- und Freundesmund, ganz zu schweigen von Beurteilungen aus der Erwachsenenwelt, seien sie boshaft, klassifizierend oder einfach nur so dahingeplappert. Und so fühlte ich mich nicht angesprochen, wenn es auf der Dorfstraße in Bislich/Niederrhein, meinem Evakuierungsort während eines Teils der Kriegszeit, hieß: „De kommt us Sterkrade." – „Wo is dat dann?" – „Dat is im Pott, weiße doch!" – „Nö, dat hann ich nich jewusst!"

Wichtig dagegen war, dass ich meinen Geburts- und wahren Lebensort Sterkrade ausgiebig zu Fuß und per Rad erforschte und jede bauliche wie persönliche Veränderung sofort wahrnahm: Sei es den Anbau eines neuen Schuppens oder das plötzliche und in Folge dauerhafte Verschwinden eines Opas mit oder ohne Stock am frühen Morgen.

Was mich persönlich nicht unmittelbar störte, aber kritisch betrachten ließ, war die Bauweise der gesamten Region: das Durcheinander von großkalibrigen Industrieanlagen, großflächenweise durchmischt mit mickrigen Ein- und Zweifamilienhäuschen, teils in Siedlungsbauweise.

Erst viel später kam mir die Erkenntnis, dass hier ein Entwicklungsprozess stattgefunden hatte, der in seiner anfänglichen Ärmlich- und Erbärmlichkeit zunächst unter anderem bei polnischen und aus anderen Regionen Zugereisten darin bestanden hatte, sich bei Regen ein Stück Wellblech über den Kopf zu ziehen und von einem Schlösschen zu träumen. Schließlich war man angekommen, reihte sich ein, passte sich an und wurde schließlich Teil des Ganzen. Nur beruflich Bessergestellte wie Steiger und erfolgreiche Handwerker lebten wie auf einer anderen Ebene, waren aber Teil des Gemenges und sich sehr bewusst, dass ohne die sie umgebende schwarze Masse die Räder stillstanden. – „Alle Räder stehen still, wenn mein starker Arm es will!"

Trotz allem oder gerade deswegen liebte ich das mich umgebende Erscheinungsbild mit seinen im Tun und Handeln befassten Menschen: die vielen schwarzen oder auch teilschwarzen Gesichter, bei denen das Wasser der Waschkaue nicht vollständig zur Anwendung gekommen war, beim Schichtwechsel an den Zechentoren und rundum. Die Kneipen kochten bei deren Ansturm aus der Tiefe nahezu über, wobei die Bedienungen beim Zapfen kaum noch nachkamen. Wenn man in das Stimmengewirr intensiver eintauchte, vernahm man die ausgefranste Stimme von Hein Hüsken, versehen mit Brillengläsern in Schaufensterglasdicke, sein leer gewordenes Glas schwenkend und an die Wirtin gerichtet: „Mimiiiii, gib mich noch en Bier – mach nich so viel Schaum drauf!" Und zehn Sekunden später: „Booor, dat war wat!" Und während Mimi an der Thekenkante herumwuselte, liftete einer der Stammgäste den Deckel des gläsernen Thekenaufsatzes mit den Frikadellen und spülte die Beute seelenruhig mit kräftigen Schlucken aus dem Bierglas herunter. Mimi stand dabei im Soll, der Gast im Haben.

An der vorstehenden Thekenrundung, die zum Inneren wies, versuchte ein Fußballbegeisterter seinem Gegenüber mit Händen und Füßen beizubiegen, warum Grün-Weiß am Wochenende unverdient verloren hatte, während ein dahinter Stehender einen Automaten mit Münzen fütterte, der nur sehr widerwillig, wie es schien, Kleingeld wieder ausspuckte und den Spieler trotzdem in den Glauben versetzte, das große Los gezogen zu haben.

Man spürte sofort, dass hier eine Gemeinschaft am Werke war, die sich gesucht und gefunden hatte. Da gab es den Jupp und den Hannes, den Herbert und den Anton, den

Fritz und den Robert, die sich alle kannten, ohne dass sie sich kannten. Oder kannten sie sich vielleicht doch? – Und dann hub Karlchen Weiler, an die zwei Meter groß, mit dem Bierkrug in der Hand über den in dichtem Zigarettenrauch eingenebelten Köpfen der ihn Umstehenden zu krächzen an:

*„Kennse Herr Jansen, Herr Jansen sein Sohn,*
*kennse Herr Jansen, Herr Jansen sein Sohn,*
*wer ihn kannt, kennt ihn schon,*
*wer ihn kennt, kannt ihn schon,*
*kennse Herr Jansen, Herr Jansen sein Sohn.“*

„Dat war dat Allerletzte. Booor, war dat gut!“ Einige der Zechenden verabschiedeten sich aus der Gemeinschaft, hier und da mit einem Schlag auf die Schulter oder einem „Bis die Tage“, „Machet gut“ oder „Man sieht sich“, und eilten dem heimischen Herd entgegen. – Oder eben auch nicht, denn da kannte man noch einen oder auch zwei, die man dem Empfinden nach länger nicht mehr gesehen hatte. Da konnte man nicht einfach mit dem Lohn in der Tasche zu Mama nach Hause losmarschieren, sondern war gezwungen, noch eine Zweiteinkehr einzulegen. So ein, vielleicht auch zwei Absacker, anstandshalber, versteht sich, ehrlich!

Unseren Bezirk, genau genommen war es ein Unterstadtteil von Sterkrade, empfand ich als herausgehoben gegenüber anderen Besiedlungszonen rundum, da hier Ereignisse stattfanden, die andernorts nur abgeschwächt denkbar waren. Auch die Bürger vor Ort passten nur hierher und wären andernorts fehl am Platze erschienen. Ich kannte sie fast alle und grüßte sie auch weitestgehend, soweit mir das nach sekundenschnellem gedanklichen Durchklicken angebracht erschien oder auch nicht.

Rechts und links der Querstraße befanden sich auf einer Länge von knapp 250 Metern vier Metzgereien, die leicht den Kalorienbedarf von je einem halben Dutzend Boxern, Ringern und Gewichthebern hätten abdecken konnten. So standen sich vier Unternehmer gegenseitig im Wege, was mich gedanklich beschäftigt ließ: Warum nicht eine Metzgerei nur für Bratwurst, die zweite nur für Schinken, die Dritte ausschließlich für feinen Aufschnitt, schließlich die vierte ganz auf billige Blutwurst spezialisiert.

Während ich die Wurst- und Schinkenzone durchschritt, fiel mir Albert Emming ein, der schräg zur Hauptdurchgangsstraße hin einen Bombenangriff unverletzt überstanden hatte. Während er sich zusammen mit anderen im Keller des Hauses befand, war eine schwere Bombe eingeschlagen und hatte den Riesenbau samt Eisenwarengeschäft in einen riesigen Schuttberg verwandelt.

An diesem Vormittag kam mir Albert nach der Befreiung aus dem Keller auf dem Bürgersteig entgegen: schneeweiß von Kopf bis Fuß, zentimeterdick mit weißem Zementstaub eingehüllt. In der Nachfolgezeit wurde der Schuttberg zu einem Spielplatz erster Güte für alle Kinder, egal, wie alt sie waren und woher sie kamen. Nööö, da wurde nich aussortiert.

Weiter die Straße hinunter stand der alte Gerhards über ein neues Hauseingangstor gebeugt, was als Einladung zu einem Plausch verstanden wurde. „Wo haben Sie denn dieses schicke Tor her?“, wurde er gefragt. „Von Greif & Nimm“, lautete die Auskunft, wobei sich der eine oder andere scheute rückzufragen. Eine Firma „Greif & Nimm“ – nie gehört, völlig unbekannt. Gerhards Kinder, fünf an der Zahl, sprachen danach jeden halbwegs Bekannten an und fragten, ob diese ein Tor benötigten, Vater könne fast alles besorgen.

In diesen Zeiten fand ein von den Kindern der Nachbarschaft viel diskutiertes Ereignis statt, nämlich die Trauerfeier für den verstorbenen Jupp Schrade. Man hatte sich mit Wurst- und Schinkenbroten gestärkt und noch ein Stückchen Kuchen draufgelegt. Dann rollten die ersten Bierkes und Schnäpskes an, bis damit begonnen wurde, Damen beim Erklimmen der Wirtshaustische behilflich zu sein, was in einigen Fällen gewichtsmäßig mit einiger Mühe verbunden war. Zu Ehren des Verstorbenen sollte nämlich zum Abschluss der Festivität auf den Tischen ein flottes Tänzchen gewagt werden, was diesen mit Sicherheit mit großer Freude erfüllen würde, wenn er von oben auf das Treiben zu seinen Ehren hinunterblickte. Eine Frohnatur war der Verstorbene gewesen – dat konnte man wohl sagen.

Dann öffnete sich die Wirtshaustüre, und einige Kinderhände erschienen mit knallenden und Funken sprühenden Knallfröschen, die sie zwischen die tanzbereiten Akteure warfen. Ruß, Gastwirt mit Glatze, sportlich, schlank von Gestalt, schnellte wie von der Feder ab, setzte im Winkel von neunzig Grad über den Tresen hinweg und schnappte sich den ersten Besten. Es war ausgerechnet der Kleinste unter den Tätern und ohne Frage der Wohlerzogenste unter den Jungs. Der war nämlich nicht nach der Tat wie die anderen davongerast, sondern hatte die Tür langsamen Schrittes geschlossen, wohl in dem Bewusstsein „Türen schlägt man nicht". Am Folgemorgen bekam dessen Mutter persönlich und reichlich von Ruß zu hören, was für eine Brut sie da heranzöge, der eine fürn andern, und er überlege noch, ob Polizei, Kirche, Feuerwehr und/oder Schule die richtigen Mittel gegen so etwas bereithielten.

Es gab keine schönere und erlebnisreichere Straße in ganz Oberhausen. Und weitere Höhepunkte standen im Herbst erst noch an:

a) Luftvögel aller Größen und Farben steigen lassen und bei genügend Wind meterlange Unkrautstrünke über die Spannung legen, den Vogel hoch über der Parallelstraße positionieren und auf Zuruf oder Pfiff durch kurzes Zerren an der Leine als Bombe über den Köpfen ahnungsloser Passanten auslösen;
b) sich bei der Kohlernte untereinander mit Kohlstrünken einschließlich Wurzelwerk als Handgranaten beschmeißen;
c) Kartoffeln in heißer Asche auf den Feldern garen;
d) den Boden von Konservendosen siebartig durchlöchern, die Gefäße mit Brennbarem von den Feldern füllen, in Brand stecken und an Drähten oder Stricken kreisförmig durch die Luft schleudern.

Das Ende einer geistig völlig unbelasteten Jugendzeit kündigte sich an, als die ersten Bomben – auf fünf Zentner das Stück wurden sie geschätzt, also Kleinkram – auf die Heimatstraße niedergingen und die Häuschen von Schulz und dessen Nachbarn in zwei Schutthügel verwandelten. Da hatte Vatter doch mal wieder recht gehabt. Nicht in nen Bunker oder Keller gehen, sondern einfach en Loch graben und sich reinstellen. Voller Schutz – nur nicht bei Volltreffer. Wir Kinder und einige Erwachsene standen neugierig beobachtend herum, als auf dem Schuttberg ein Mann mittleren Alters sich mit erhobenem rechten Arm positionierte und den Herumstehenden verkündete: „Dat hier Angerichtete wird von unser Führer gerächt werden. Der wird dafür sorgen, dat dat Haus wieder aufgebaut wird."

Alle Kinder der Umgebung warteten zwei Wochen lang darauf, dat unser Führer mit Kelle und Zement erschien. – Aber de kam nich. Also wandten wir uns anderen interessanten Ereignissen zu, und von denen gab es in meiner Jugendzeit ganz viele in unserem Sterkrade.

Ilse Straeter
geliebt – ungeliebt

## Stefan Sprang
## HOWL
## Ruhrland-Version 2018 (nach Alan Ginsberg 1955)

Stefan Sprang, geboren 1967 in Essen und dort aufgewachsen im Südviertel. Lebt und arbeitet mittlerweile in Frankfurt/M. und Essen als Hörfunkjournalist und Autor. 1999 bekam er unter anderem für seine Comedy-Produktionen den „Kurt-Magnus-Preis" der ARD. 2007 erschien sein Hörspiel *helden: tot*, das kurz darauf nominiert wurde für den „Deutschen Hörbuchpreis". Mit *Fred Kemper und die Magie des Jazz* (Henselowsky Boschmann) wurde 2011 sein Roman-Debüt veröffentlicht. 2015 erschien die Ballade *Ruhrkönig* in der Anthologie *Kohlenkönige und Emscherkinder. Das große Buch der Ruhrgebietsballaden* (Henselowsky Boschmann). Außerdem erhältlich: *Kriegt wer wen? Vom Ende im Anfang der Liebe. 10 Storys plus Bonustracks* (e-book bei neobooks).

Ich sehe den einst Funken schlagenden, trotzig glühenden Willen von Generationen vergehen mit zunehmender Fahrt, sehe erschöpft und ausgezehrt der Ahnen Nachlass, sehe, was geschaffen mit Kraft, Zuversicht, Zusammenhalt untergraben, von Apathie zerrüttet, ausgehöhlt die Fundamente von den Termiten der Zeit, den Jahren und Tagen, die letzten Seiten der langen Erzählung zerfleddert, der Schmelztiegel erkaltend, so viel Rohheit und bloße Gewalt, sehe in Straßen, die ins Feindselige gekippt, die guten Geister der Vergangenheit kopfschüttelnd und schwebend in Scham, sehe

die Dagebliebenen, die Geerdeten und Wurzeln treibenden der neuen Generationen zu oft schwer atmend und konsterniert, kreuzbrave Leut', besorgt um Visionen vom auskömmlich sicheren Leben im genügsam gesteckten Rahmen, sehe

die Anpacker, die Malocher, denen untot nomadisierende Bosse das Leben vors Werkstor feuern bei bilanziell strömendem Goldregen – ihr müsst flexibel sein, rufen des Kapitals Stellvertreter auf Erden den Verarschten nach, ihr müsst was wagen, sagen die, die nichts verlieren können, sagen die stets Rückversicherten, die sich fern von Feinstaubgewölk kalten Blutes ummauern im grünsten Grün – sehe mit Wut die ruchlos Abgeschobenen in den endlosen Randlagen der Hochkonjuktur, sehe

die Zurückgelassenen und Unvermittelbaren, die schon so lange nicht mehr taugen als humane Ressource, wie man so sagt im Newspeak der Neo-Ökonomie, denn ihr Leben ist vor aller Augen im Abseits geronnen, ist „schwerwiegendes Vermittlungshemmnis", siehe Paragraph Soundso im Gesetzbuch der Sozialtechnokraten, so lässt man sie dahinsiechen, ausgemergelter Bodensatz im Ballungsraum, chancenlos von Alpha bis Omega, so viele mehr als anderswo, die nichts beitragen können zum Bruttosozialdings, spucken nicht in die wehrlosen Hände, sind lästiger Ballast im System, diese Brotlosen, sehe sie schon so lange missachtet und mit ihnen

die Kinder mit leeren Mägen noch am Nachmittag, mundmatt unter fahlen Augen, deren Zukunft längst abgeschrieben, Ziffern in bleichen Statistiken, weil die Bahnen schief bleiben, ein Name höchstens in kommenden Polizeinews, Menschenkinder, denen, was sie ermächtigen könnte zum biographischen Sternenflug, die bessere Gesellschaft weggekürzt hat bis unter null, sehe

die, denen keiner kommt mit einem Licht bei der Nacht in kohlendioxiddumpfen Armeleutezimmern hochspekulativer Schrottbuden, dort im Norden hinter sozialen Demarkationslinien, wo Umnachtete Ghettos malen wie pinturas negras, hasse diese Fassaden, die sich bei jeder Gelegenheit vollsaugen mit Nässe und Kälte, bis sie in die Knie gezwungen sich bleiern übers Pflaster biegen, doch all das erscheint fröhlicher noch als die Pappkartonasyle, wo jene fristen ins Endlose,

die nur noch das Elend essen, träumend, welch Eldorado, von Lüftungsschacht über U-Bahn-Tunnel, jene, die nicht mal mehr im Pennerglück-Rausch hoffen, dass Zaubernuss Zaubernuss Zaubernuss vom Baum fällt im Stadtgarten, treffe nächtens zu oft jene knochig kippelnde Strichzeichnung, die taucht und angelt im Unrat, Alienwesen, das sich die Hände schmutzig sammelt Pfandcent um Pfandcent, sehe all das, was mir wird zur Gegenwartsgalerie eines schlechten Trips, auf dem ich klebe, und was einst abgefackeltes Gas ausleuchtete als mein Auenland, ist jetzt braches mare crisium, was einst Kanon schlafloser Maschinen war, ist Kakophonie der Koryphäen, die bildhübsch zu reden hoffen, was kriminell ist und hässlich, weil Strukturen im Wandel noch nie taugten als Netz und doppelter Boden, zumal im aufklaffenden Scherenstaate Schland, stumpfes Blatt, scharfes Blatt, Blatt neofeudal schneidet sich die Not aus dem Blick, lässt ins Bergfreie fallen, und was ich hasse, ist meine Wurstigkeit, mein Locked-in-Syndrom, was ich tue, ist nicht mehr Protest als vom Tresen gefegtes Bier zwischen Nacht und Tag, gondele los mit schwafligem Wortsalat im Kopf und traurig geballter Faust in der Tasche, sehe auch sie,

die so zahllos gewordenen jungen Männer, die sehnig und allzeit erhitzt voll zerbrechlichem Stolz durch die Nacht cruisen, Ego-Shooter auf den S-Linien von DU bis DO, von RE bis E, jeder Blick ein Roundhouse-Kick, der einzigen Konfession ergeben, die ihnen bekannt, dem bescheuerten Glauben, dass ein Mann du bist, nur wenn du Knochen brichst, sehe noch dazu mit dem anschwellenden Groll meiner moralisch gewordenen Jahre

die Kinder jener, die flohen mit ihren Habseligkeiten von den Küsten der Levante – Schutt und Asche, jeder Tag ein Hinterhalt, Schlachtfeld, das Paris des Ostens und Gott ein Fleisch gewordener Sniper –, die nicht irre werden wollten und krepieren im Mahlstrom alles fressender Gesetzlosigkeit, sehe sie nun, die zu vielen Söhne, die dem Gesetz ins Gesicht spucken mit aller Gewalt, die durch die Städte preschen mit arschteuren Topcars, zynisch verdreht ihre Moral von der Weltgeschicht', sehe daneben die vielen anderen,

die aufs Neue Unbehausten, die verloren gegangen, weil wir es zuließen wie Fleckchen am Rand unserer weißen Westen, jene, die ausgewandert sind just auf ihren Platz zurück in überliefertes Seelenterrain, die ihr Herz umnorden konnten wie einen wankelmütigen Kompass, die den Nachbarn fremd werden wollten, um wieder mit sich vertraut zu sein, die sich lieber ins Ferne verbeugen, wo der Despot aus dem Tausend-Zimmer-Palast Freiheit knebelt und würgt und in Ketten legt, sehe mit meinem vor vielen Sommern geschulten altmodischen Blick

die Töchter und Enkelinnen, die so rätselhaft zahlreich geworden in diesem Jahrhundert, die in neuer Generation ihr Haar verhüllen, um zu bekunden, von dem ich nicht weiß, ist es sakraler Ernst bergenden Glaubens, ist es ängstlich erfüllter Vater-Befehl oder Statement gegen die kalten Schultern der Mehrheit, eine Geste in Stoff, der nichts verbirgt, sondern ausstellt, der zeigt, dass da welche sind, die sind, wie sie sein wollen, nicht nach unserem Strickmuster, mit dem wir uns kommod eingerichtet haben in Südquartiers-Bürgerlichkeit zur biologischen Bäckerei radelnd in „Bordeaux"-Bräsigkeit, so scheuklappenblind wie auf „Painkiller XL", ach so fern alles, so troposphärisch fern, so machtvoll jetzt die Jetstreams der Veränderung, die neue Gestalten hervortreiben, die ich sehe, die sich freischwimmen im Sumpf numinoser Ängste, jene Schwadrone derer,

die sich haben verbittern lassen, sehe wie ihr, die ihr einst mutig und eurer bewusst ward, euch selbst erniedrigt, um euch schweifwedelnd populistisches „Happy Meal" andrehen zu lassen, gequirlten Scheiß aus dem „alternativen" Ein-Euro-Shop autochthoner Hassprediger, als hätten, das muss man auch mal sagen dürfen, höhnisches Hecheln und giftiges Geifern je Heil gebracht denen, die es wirklich brauchen, sehe mit Schrecken die,

die sich liebend gern aufstellen in Reih und Glied, die wüten wollen, die ihr Blut pumpen im nationalen Beat, die sogar in meinem Namen innerlich aufmarschieren, erklärte Freunde des Volkes, die nichts sind als Menschenfeinde, euch sehe ich mit meiner Wut bei euren Stammtischparteitagen, euch, deren Leben keinen Deut besser wird, wenn ihr euch die vorgeblich ehrliche Haut auf rechts ultra zieht und jeden Knochen und das Hirn, um nach den Pfeifchen egomaner Rattenfänger zu tanzen, Narzissten, die sich einen abschütteln auf ihre sozial-mediale Kraft und Herrlichkeit und am Ende des Tages über euch lachen, weil ihr reinfallt aufs ideologische Pappmaché aus Nichts und wieder Nichts, euch sehe ich und sehe nun am Scheitelpunkt mäandernden Drohnenfluges mein fatales Gaffervideo, tragisches Kino, denn der einst mächtig fassende Rahmen ist atomar gesprengt – von grassierender Selbstsucht, dreister Missachtung, struktureller Gewalt, sehe das alte Universum brutal auseinandertreibend,

die Teile meines verstaubten, meines vergilbten, meines geliebten Heimatbildes in alle Himmelsrichtungen zerstreut, und das ist, was ich wirklich hasse von Herzen und mit schmerzenden Fasern, dass ich das noch erleben muss schon jetzt, als habe ein jähzorniger Idiot so wütend und laut alles in Händen vorm Ende der Zeiten, sehe die Stücke, die ich nicht mehr zu fügen weiß wie im glücklich gelösten Puzzle der Knabenjahre, das ich mit mir genommen, tätowiert in glänzend Kohlschwarz unter der Haut über der Magengrube, Kumpel-Mythos, mein wärmendes Sonnengeflecht, sehe, dass auch dieses Pathos hier dadaistischer Nonsens sein muss und mein Aufkröppen affig, so wie größte Gemeinsamkeit nur noch auflebt im Discounter-Run bei kurzfristig fallenden Butterpreisen, sehe mich und hasse mich dafür und hasse meine Halde voll gefühlvoller Scheiße, die mich nicht genügend hassen lässt angesichts dessen, was ich jetzt versammelt habe Zeile um Zeile, sehe,

die lebendige Phalanx der Fragezeichen, die auf mich vorgerückt ist, Fragen, Fragen und noch mal Fragen, deren

Übermaß ich hasse, weil ich auch sie sehe, jene Verantwortlichen,
die Antwort um Antwort schuldig bleiben, ruhend und rastend in Filz und nepotistischen Netzwerken, wo sich „Genossen“ ableitet vom Genuss geldwerter Vorteile, sehe euch und die weniger Verführbaren,
die doch noch aufrechte Vertreter sein wollen und doch so gern beiseitetreten in den Schatten des Kirchturms, Schulzin wie Schultheiß, als wär's ein Märchen aus längst vergangenen Zeiten, die auf der Bank blauen Blümchens Blättchen zupfen auf der Suche nach des beschissenen Rätsels Lösung: „Wird schon werden, wird nichts werden, wird schon …“, sehe euch, die ihr Mumm bräuchtet wie einst Herakles im Stall und vor der Hydra, auf dass ihr Grenzen ausradiert und Egoismen auf dem Spielfeld 120 mal 60 übern Kilometer-Daumen, dass ihr wagt den großen Wurf, denn ich sehe unter 5 Millionen so viele,
die nicht schauen wollen auf überirdische Leuchttürme, sondern hoffen auf handfest neue Zeiten und bessere …

II.

Welcher Dämon aus Gier und Geltungssucht schlug so viele Schädel auf und fraß daraus Menschenverstand und Phantasie?
Moloch! Zu viel Einsamkeit, Dreck, Hässlichkeit! Vergessene Sperrmüllwelten an Ausfallstraßen!
Moloch! Städte, zweifach zerstört in Krieg und Frieden, brutalistisch fahrzeugfromm gezeugt von Schneisen schlagenden Sadisten!
Moloch mit deinen Ewigkeitskosten, lange gefüttert mit Blut, Schweiß und Tränen, unzeitgemäß geratenes Termingeschäft,

Moloch! Bewiesene Broken-Windows-Theorie mit deinen Angsträumen und Alpträumen,
Moloch, in dem die, die nichts zu fürchten haben, befehlen, die Angst zu überwinden,
Moloch, in dem uns eben jene einbläuen, wir müssten uns mehr in die Pflicht nehmen, die scheißen auf Pflicht und Schuldigkeit, thronend auf Schwänzen aus Panzerglas!
Moloch! Dessen Augen sind blinde Fenster in den Fußgängerzonen, dessen Organe geklonte Fresstempelchen und Billigheimer!
Moloch, dessen Liebe ein Meer von Autos und Beton ist! Moloch, der du eine Seele aus Kohle und Stahl hattest! Moloch, dessen Armut die Zombie-Armee der Zukunft ist! Moloch, dessen Schicksal ein Quiz einsteinscher Dimension ist in Zeiten schwindender Intelligenz!
Moloch, dessen Denken verzweifelt logistisch ist, Moloch, in dessen Adern Grubenwasser verdünnt die Visionen, Moloch, schwach auf Brust und Beinen, vom Absaufen bedroht auf hochgradig porösem Bett!
Moloch, in dem letzte Fabriken von alten Zeiten schwärmen und sich röchelnd aushusten, bis sie weg sind vom Fenster ein für allemal, Moloch, all deine Schornsteine und Antennen, die einst die Städte krönten, hinweggesenst, abgestorbene Fanale,
Moloch, in dem ich einsam sitze wie einst Mr. A. G.! Moloch, in dem ich mir übersentimental einen Engel erträume! Betrunken in Aschenputtels Luftschloss, heimatverloren gleich neben Erik Regers alter Adresse!
Moloch, der seit 67 in meine Seele eindrang wie Smog in die Lungen! Moloch, von dem ich mich zeitweilig lossagte! Wache auf mit diesem langen Gedicht, träumte von Schatzkammern voll musterhafter Fossilien! Licht strömt von Straßenlaternen herein!

Visionen! Omen! Halluzinationen! Wunder! Ekstasen! Alles
die Emscher runter! Dafür noch einmal: die ganze Halde
gefühlvoller Scheiße vis à vis!
Moloch! Kann dich nicht hassen, muss raus auf die Straße!
Muss hinunter zum Fluss!

III.

Ich bin bei euch in Ruhrland,
die ihr bis in alle Ewigkeit das Leder vorm Arsch habt,
saufe mit euch den Schnaps, als gäb's dadurch ein besseres
Morgen
Ich bin bei euch in Ruhrland,
Pott-Hipster, die ihr in post-carbonen Strecken entwerft
und schafft, komponiert und kocht und euer Ding macht,
verbunden vollauf global
Ich bin bei euch in Ruhrland,
Sarah, Zepp und Lars, Enthusiasten in poesiedürren Short-
Message-Zeiten, schreibt weiter ohne übersentimentalen
Grünspan, bleibt echt im Dichten über Einst und Jetzt
und Morgen
Ich bin bei euch in Ruhrland,
ihr im Stich gelassenen Lehrerinnen und Lehrer an den
Brennpunkten, die ihr unverdrossen glaubt an die in eurer
Obhut, die ihr sie mit Liebe anfeuert und mit Plan er-
mächtigt gegen die Berglast Herkunft
Ich bin bei euch in Ruhrland,
Serap, Zuzanna und Myla, Emma, Lina und Mia, Jonas,
Lukas und Max, Jakub, Yasin und Cem, bin bei euch
Menschenkindern, die ihr hellwach kapiert, dass es kein
Fatum gibt, das euch kleinhalten kann von der Wiege bis
zur Bahre, hindernd am Abflug aus allem Prekären

Ich bin bei euch in Ruhrland,
ihr Unbestechlichen mit Poser-Detektor, die ihr lässig Schaumschläger, Arschgeigen und Gräfinnen von Strunz ausgestreckten Armes verhungern lasst in entblößter Schönheit
Ich bin bei euch in Ruhrland,
Boos, Barth und Brenken, die ihr den Jazz spielt als hier furiosen, da zärtlichen Sound unermesslicher Freiheiten
Ich bin bei euch in Ruhrland,
ihr Kneipenhocker, die ihr nicht auschecken müsst, von wo nebendran der wech ist mit wie viel inne Tasche
Ich bin bei euch in Ruhrland,
Bolzplatzhelden und Pöhler aus Lüdenscheid-Nord und Herne-West – und das sowohl und als auch
Ich bin bei euch in Ruhrland,
Hennes, Herbert und Helge (und ja, auch bei dir Torsten und bei euch, ihr wunderbaren Ladys im Genre, Gerburg voran), die ihr lustig übers Leben und alles andere palavert, wenn schon sonst nicht viel ist zum Lachen im Leben und sonst wo
Ich bin bei euch in Ruhrland,
in den Akademien und Fakultäten, ihr smarten Forscherinnen und Forscher, die ihr brillante Schachtzeichen des Wissens aufpflanzt für den Weg nach vorn, raus aus dem Abraum der Vorzeit
Ich bin bei euch in Ruhrland,
Pommesbuden-Gourmets, Currywurst-Connaisseure und Wegebiertrinker
Ich bin bei euch in Ruhrland,
ihr ordenswürdigen Mitmenschen, ihr vielen Kümmerer, die ihr noch die verlöschenden Kumpel-Tugenden lebt und ohne Lohn seid, wo Not am Mann ist

Ich bin bei euch in Ruhrland,
ihr nah am Wasser Gebauten und Kitschverliebten, die ihr schamlos von Herzen euer Gefühl Heimat nennt und Gelsenkirchener Barock schön
Ich bin bei euch in Ruhrland,
Trallafitti- und Absacker-Süchtige unterm Mond von Wanne-Eickel
Ich bin bei euch in Ruhrland,
ihr Revier-Mythologen und Alltags-Mystiker, ihr Fensterlieger, Ballonseide-Träger und Ommas in Beige, die ihr Geschichten zelebrieren könnt von anno dunnemals bis gerade gestern bei die Nachbarn
Ich bin bei euch in Ruhrland,
ihr schnörkellosen Orakel, die ihr Tacheles redet mit dem Herzen auf der Zunge, bin bei euch fidelen Stoikern, euch Meistern der staubtrockensten Botschaft
Ich bin bei euch in Ruhrland,
Susi, Raphael und Rainer Maria, bin bei euch vielen anderen, die ihr kunstreich und voll Hingabe auf unseren Weltbühnen Komödie seid, Drama und große Oper
Ich bin bei euch in Ruhrland,
all ihr Unperfekten, ihr Frickler und Schrauber aus der Kirche der großzügigsten Spaltmaße
Ich bin bei euch in Ruhrland,
die ihr kein Bohei macht, wenn es mehr als klemmt, die ihr euch ernst nehmt, aber nicht wichtig, ihr weltbesten Künstler des angewandten Wieder-Aufrappelns
Ich bin bei euch in Ruhrland,
die ihr meint, da ist kein besserer Ort.

**Zepp Oberpichler**
**Krisse nich raus**

1 Er wurd geborn in Herne-Hinterhof
Keine Kohle, doch er war nicht doof
Früh schon machte er sein eigenes Ding
Als er mit der Mofagang rumhing
Von Oppa Schmitz gabs ne Stromgitarre
Er brachte sie zum Klingen
Du kannst den Jung raus aus dem Ruhrpott nehmen
Kannst ihm auch ein neues Zuhause geben
Doch niemals krisse den Ruhrpott raus aus dem Jung

2 Vor der Penne erst mal einen rauchen
Die Luft wird man ja noch beim Fußball brauchen
Montags wurde eine Band gegründet
Mittwochs mit nem Wirt verbündet
Freitags dann seine Kneipe gerockt
Bis jede Saite frohlockt
Du kannst den Jung raus aus dem Ruhrpott nehmen
Kannst ihm auch ein neues Zuhause geben
Doch niemals krisse den Ruhrpott raus aus dem Jung

3 Die Band ging los, immer war was am laufen
In Hamburg, London und Paris nur am saufen
Egal, wo er heut wieder hingebrettert
Egal, wo er seine Lieder schmettert
Nirgendwo läuft er so hot
Wie hier im Kohlenpott
Du kannst den Jung raus aus dem Ruhrpott nehmen
Kannst ihm auch ein neues Zuhause geben
Doch niemals krisse den Ruhrpott raus aus dem Jung

## Sarah Meyer-Dietrich
## Bekennerschreiben einer fiktiven Vereinigung von radikalen Künstlern im Ruhrgebiet

Sarah Meyer-Dietrich wurde 1980 geboren und wuchs im Ruhrgebiet auf. Sie ist freie Autorin und Dozentin für kreatives Schreiben und erhielt für ihre Erzählungen einige Literaturpreise, darunter den Förderpreis des Literaturpreises Ruhr. Bislang erschienen zwei Romane von ihr: *Immer muss man mit Stellwerksbränden, Streiks und Tagebrüchen rechnen* (2016) und *Ruhrpottkind* (2017). Der dritte Roman, in dem das Bekennerschreiben eine Rolle spielen wird, ist in Arbeit. [www.sarahmeyerdietrich.de]

Wir bekennen unsere Ruhrgebietsliebe.
Auch wenn wir keine „I ♥ Ruhrpott“-T-Shirts tragen.
Wir tragen unsere Herzen lieber auf der Zunge.

Wir bekennen unsere Treue.
Während andere Ratten das Schiff verlassen,
klammern wir uns fest an die Reling.
Und wenn uns das Wasser bis zum Hals steht.
Und wenn wir absaufen.
Dann üben wir eben schwimmen, lassen uns Flossen wachsen, lernen das Atmen unter Wasser.
Dann machen wir Unmögliches möglich.
Um auf keinen Fall loslassen zu müssen.

Wir bekennen, dass unsere Liebe blind macht.
Blindfische sind wir.
In unseren Augen wandeln Industriegebäude sich zu Kathedralen. Wachsen Halden zu Bergen.
Entfalten Brachen sich als wilde Wiesen.
Wir lieben die Brüche, die Risse, die Widersprüche zwischen Stadt, Land, Fluss. Wir lieben das Raue und Schiefe und Schäbige. Unser Herz schlägt auf Beton.

Wir bekennen unsere rasende Eifersucht.
Weil unsere Liebe oft nicht auf Gegenliebe stößt.
Wenn die hiesigen Medien uns wieder einmal übergehen.
Weil wir es müde sind, uns ungefragt aufzudrängen.
Wenn die Stiftungen uns wieder einmal übersehen. Weil wir nur Krill sind. Bestenfalls Fischfutter in ihren Augen.
Der kreative Bodensatz, den man in Kauf nimmt, um große Fische anzulocken.
Wenn die Funktionäre wieder mal Galionsfiguren importieren, denen egal ist, wohin wir steuern.

Wir bekennen unsere Trauer.
Weil das Ruhrgebiet sich selbst verleugnet in einer Mischung aus Hybris und Selbstmitleid.
Heute wie Neptun sich anlegt mit Titanen.
Als Metropole Ruhr und Stadt der Städte.
Wie Berlin. Nur größer.
Wie München. Nur metropoler.
Und morgen dann, als Einsiedlerkrebs ins Schneckenhaus der Provinzialität zurückgeschubst, sich wieder klein macht und versteckt.

Wir bekennen unseren Schmerz.
Weil unser Ruhrgebiet sich kaufen lässt wie eine Hafenhure. Sich anbiedert mit Wimpernklimpern als Kulturhauptstadt. Sich öffnet für die Festivaltanker aus fremden Meeren. In seichten Gewässern baden geht. Auf sich spucken lässt, sich beschimpfen lässt als Diaspora und Drecksloch und Provinz,
jede Demütigung still erträgt.
Die eigene Schönheit und Vielfalt, Klugheit und Stärke verleugnet. Weil manches davon sich erst auf den zweiten Blick offenbart.

Wir bekennen unsere Ohnmacht.
Sprachlos wie die kleine Meerjungfrau schauen wir zu, während ganze Stadtteile absacken und untergehen.
Auch wir sind nicht naiv genug, um zu glauben, dass die klaffenden Löcher, wo einst Zechen, Kokereien, Hochöfen standen, sich stopfen lassen allein durch Kunst.
Auch wir sind nicht naiv genug, um die sozialen Bergschäden nördlich der A40 zu übersehen. Und die Seebeben nicht zu spüren, die sich ankündigen.

Wir bekennen unsere Wut. Werden die tausend Feuer neu entfachen. Nicht als Kokereien und Hochöfen. Als Brennpunkte. Die heller leuchten als jedes sogenannte Leuchtturmprojekt.
Es wird heiß werden, wenn der Pott überkocht.

## Annika Schuppelius
## Trinkhallenkomplott, Ruhrpottcharme und Geschwistergeschichten

Annika Schuppelius ist ein Kind des Ruhrgebiets, geboren und aufgewachsen im Duisburger Norden. In dieser Kurzgeschichte erzählt sie einen Schwank aus Kindheit und Jugend.

Sowohl als Kind wie auch zu Teenagerzeiten war ich fest davon überzeugt, dass es eine sogenannte Trinkhallenschweigepflicht gibt. So wie bei Ärzten und Patienten, nur mit Budenbesitzern und rauchenden Teenies, die sich heimlich ihre ersten Zigaretten gekauft haben. Meine Trinkhallenkarriere verlief ganz typisch: von der Schleckmuschel bis zum Schmuckbrief, vom Bussi-Bär-Wassereis bis zum Bravoheft, vom Alkopop bis zum Kippenkauf.

Damals gehörte die Bude nebenan den Eltern einer Schulfreundin meiner Mutter. Es war Fluch und Segen zugleich, dass wir diese Trinkhalle in der Nachbarschaft hatten. Sehr verlockend war es, sein Taschengeld dort zu verprassen. In der Nachbarschaft kannte natürlich jeder jeden. Und so barg es ein gewisses Risiko, dass die Trinkhallenverkäuferin ihre Trinkhallenschweigepflicht gegenüber Oma oder Opa bei ihrem täglichen Zeitungskauf brach und von den viel zu bunt gemischten Bonbon-Tüten, den zahlreichen Kratzeisbechern und vom Wassereis erzählte. Eigentlich war mir das aber egal. Auch wenn man mich nicht verpetzte, erkannte man es sowieso an der vom Farbstoff bunt gefärbten Zunge und an den eingerissenen Mundwinkeln, die durchs Abbeißen der Wassereis-Plastikverpackung entstanden.

Meine Familie und ich wohnten in einem Randbezirk von Duisburg-Neumühl in einem Mehrfamilienhaus. Ich habe meine ganze Kindheit bis ins Erwachsenenalter dort gewohnt. Irgendwie war es trotz des Mietverhältnisses schon immer wie unser eigenes Zuhause. Meine Großeltern mütterlicherseits wohnten praktischerweise zwei Etagen unter uns. Oma Ursel lebte bereits ihr ganzes Leben in dieser Wohnung. Ich erinnere mich gerne und gut, wenn sie von ihrer Kindheit in der Gegend erzählte. Von Oppa Manni, der Schlosser bei Thyssen und Frührentner gewesen war, gab es jede Woche zwei Mark Taschengeld. Bei guten

Zeugnissen sogar ab und zu einen Heiermann. Das Geld wurde meist direkt in eine gemischte Tüte an der Bude investiert. Es war gut investiertes Geld. Solange man es nur gut genug versteckte und es sich der große Bruder nicht unter die Finger riss.

Als jüngeres Geschwisterkind eines Bruders hatte ich es nicht immer leicht. Erst recht nicht, wenn Brüderchen so 'ne typische Große-Bruder-Ruhrpottschnauze hatte. Die machte sich schon früh bemerkbar.

Ich lernte mit ungefähr vier Jahren das Radfahren ohne Stützräder. Mama nahm es natürlich mit der damals noch supermodernen Videokamera auf. Heute würde man diese Kamera wohl eher im Ruhr Museum in der Abteilung Technik-Nostalgie ausstellen. Papa feuerte mich an und machte mir Mut, ich würde es gut machen. Doch ich fiel hin und weinte bitterlich. Der Zwoppel von Bruder grinste mit seinen knapp sechs Jahren frech in die Kamera und sagte zu unserer Mutter: „Gabi? Haste dat drauf?" So typisch Ruhrpott halt. Kein „Mama", wie es für ein kleines Kind in dem Alter üblich gewesen wäre, kein „Hat Annika sich wehgetan?" – nichts. Dieses Video existiert noch und ist ein großartiger Beweis für die Anfänge eines heute ausgewachsenen Ruhrpottoriginals, das immer noch die gleiche herzlich ehrliche Art besitzt. Nicht, dass er es bösartig gemeint hätte. Es war halt diese Art, die man noch heute kennt, wenn der Nachbar frech über die Straße ruft und nach „der Alten" fragt.

Es hatte natürlich auch Vorteile mit einem großen Bruder. Ich konnte mich glücklich schätzen. Auf der Schule hatte man so immer einen Beschützer, der seine Schnauze aufmachte, wenn es nötig wurde.

Als ich ungefähr 24 Jahre alt war, besuchten mein Bruder und ich unsere Oma im Krankenhaus. Ich werde nie vergessen, wie die Bettnachbarin uns ganz keck ansprach: „Euch zwei kenn ich doch." Mein Bruder und ich schauten uns fragend an. Die gebrechliche Dame fing an zu erzählen, dass sie sich gut an uns erinnern würde. Wir seien auf die Salzmann-Grundschule in Neumühl gegangen. Stimmt. Verrückt. Und nach der Schule auch des Öfteren an ihre Trinkhalle gekommen, um Wassereis zu besorgen, wenn die guten Sorten mal wieder an unserer Trinkhalle nebenan vergriffen waren. Hm. Kann gut sein, das war tatsächlich oft so. Grün war sehr beliebt.

Das Bizarre war, wir konnten uns nicht wirklich daran erinnern. Vermutlich sah die Kindheit eines Jeden in den 90er Jahren nach der Schule so aus. Auf dem Heimweg kurz am Wassereis-Dealer des Vertrauens vorbeischauen und dann auf Umwegen ab nach Hause. So konnte man den Süßkram noch vertilgen, ohne dass die Eltern bemerkten, dass man schon was Süßes intus hatte. Vermutlich sahen alle Kinder in den 90ern gleich aus, mit ihren Radlerhosen, Pisspotthaarschnitten und bunten Schultonnen.

Vermutlich hatte die Dame sich vertan und uns verwechselt? Doch als sie dann nach langem Überlegen unsere Vornamen aussprach, da war es klar. Wir fühlten uns ein wenig ertappt. Trinkhallenbesitzer mussten ein Gedächtnis wie ein Elefant haben, wenn man bedenkt, wie viele Kunden so eine Bude jeden Tag zählte. Aber vielleicht hielten sie sich ja auch nur über Wasser durch uns, die immer fleißig in Wassereis, gemischte Tüten und Konsorten investierten. Wie könnte man solch gute Kunden vergessen?

Wenn ich heute an diesen Moment zurückdenke, muss ich unweigerlich grinsen. Ich wage zu behaupten, dass es diese Art nur hier im Ruhrgebiet gibt. Einerseits dieses freche „Euch zwei kenn ich doch" und auf der anderen Seite der liebenswerte Gedanke, dass sich eine alte Dame nach über so vielen Jahren an ausgerechnet uns zwei zurückerinnerte. Und noch heute überlege ich, ob es nicht vielleicht ein geheimes Trinkhallennetzwerk gegeben haben könnte, in dem sich die Budenbesitzer untereinander austauschten. Klingt eigentlich ganz logisch. So konnten die Kioskinhaber Synergie-Effekte nutzen, wenn mal wieder das grüne Wassereis an der einen Bude leer war und die andere Trinkhalle näher an der Schule der Kinder lag, um die restlichen grünen Bussi-Bär-Eis zu verkaufen, die noch seit letztem Sommer in den Abgründen der Tiefkühltruhe ruhten und endlich raus mussten.

„Willis Büdchen an Uschis Kiosk. SOS, SOS. Die Kinder von der Lehrerstraße haben gleich Schulschluss, und ich hatte gestern schon kein grünes Wassereis mehr. Over."

„Hier Uschi. Alles klar Willi. Habe verstanden. Stelle die Reklametafel raus und lotse sie zu mir. Over."

Ich glaube, ich werde es nie erfahren. Aber noch heute gehe ich ab und zu an eine Trinkhalle, grüße freundlich und stelle mir vor, wie der Besitzer irgendwann mal seinen Enkeln erzählt, was für verrückte Geschichten er an seiner Budentheke mit erwachsenen Frauen erlebt hat, die spät abends noch vorbeikamen, um sich eine Schleckmuschel oder eine Brause-Knabberkette zu kaufen.

**Ullrich Spiegelberg**
**Bude verzaubert**

Bude in – Bude out
Bude hier – Bude da

Heute hier – morgen dort
war unterwegs – weiter fort
wo Bude Trinkhalle oder Kiosk heißt

fragte nach Klümpkes
zwei Pfennig das Stück
hatte kein Glück